劳动用工风险
实战一本通

仝宝雄◎著

中国商业出版社

图书在版编目（CIP）数据

劳动用工风险实战一本通 / 仝宝雄著. -- 北京：中国商业出版社，2023.5
ISBN 978-7-5208-2438-5

Ⅰ.①劳… Ⅱ.①仝… Ⅲ.①劳动法—研究—中国 Ⅳ.①D922.504

中国国家版本馆CIP数据核字(2023)第041124号

责任编辑：包晓嫱
（策划编辑：佟 彤）

中国商业出版社出版发行
（www.zgsycb.com 100053 北京广安门内报国寺1号）
总编室：010-63180647 编辑室：010-83118925
发行部：010-83120835/8286
新华书店经销
香河县宏润印刷有限公司印刷
*
710毫米×1000毫米 16开 16.25印张 300千字
2023年5月第1版 2023年5月第1次印刷
定价：58.00元
****
（如有印装质量问题可更换）

前言

正确处理劳动关系是促进企业与雇员双方关系良性发展的关键，合理规避劳动用工风险能降低员工流失率，促进企业稳定发展。因此，合理规避劳动用工风险成为企业HR日常工作中一项重要的研究课题。本书清晰明了地讲解了规避劳动用工风险对企业发展的重大意义，帮助企业HR全面掌握规避劳动用工风险的方法。

自2008年1月1日《中华人民共和国劳动合同法》施行以来，劳动者的法律意识越来越强。同时，劳动者的劳动仲裁成本也越来越低。相反，企业的劳动用工成本相应在增加，劳动用工风险也逐渐加大。如何有效地防范和应对劳动用工风险成为用人单位必须直面和解决的一项重要工作。

用人单位应当树立起事前防范、事中控制、事后救济的风险管理模式来化解用工风险。事前防范，要求用人单位订立详尽的劳动合同，建立招聘、入职、离职、考勤、财务等管理制度，以便在发生劳动争议时做到有"法"可依、有"法"可行。作为用人单位不但应当重视规章制度实体内容的可执行性，同时应当重视制定程序，保证程序合法。《中华人民共和国劳动合同法》规定用人单位的规章管理制度必须经过劳资双方平等协商才能表决通过，且规章制度必须经过一定范围、程度的公示，才能在发生争议时作为适用依据。事中控制，要求用人单位重视用工管理，按照劳动合同、规章制度的规定加以执行，认真审查应聘人员的简历及资格，确保不招用不合格员工和问题员工；在劳动合同履行阶段，审查员工的行为是否符合规章制度行为，如有违反是否构成严重违反规章制度，对于严重违反规章制度的及时下发解除劳动合同通知书；在劳动合同到期是否需续期前，及时向员工送达续签劳动合同意向书，要求员工根据意向书的规定及时作出回复，避免用人单位陷入被动；或在劳动合同即将到期前以支付一个月工资为代价下发解除劳动合同通知书解除劳动合同，避免被迫签订无固定期限劳动合同。许多用人单位采用事后救济的方式，在发生争议后通过协商、仲裁、诉讼方式解决，往往是"杀敌一千，自损八百"，不但造成额外成本的增加，且对企业自身形象、长期发展均有害无利。并且劳动者针对用人单位提出的法律途径解决争议往往具有示范性，会带来连锁反应。事前防范、事中控制、事后救济的风险管理模式要求用人单位熟悉劳动法律法规，依法合规地经办劳动事务，只有这样才能有效防范与控制用工风险，使得企业在经营中不会因为劳动用工的纠纷占用太多的资源、精力和财力，从而能够在激烈的市场竞争中平稳前行。

目 录

第一章 招聘过程中的法律风险及防范

第一节 什么是就业歧视 / 2

第二节 招聘广告和招聘过程中可能存在的就业歧视 / 3

第三节 合理对待应聘者的体检结果 / 6

第四节 劳动者欺诈风险有哪些 / 7

第五节 如何预防和应对劳动者应聘欺诈 / 9

第六节 录用管理中的法律风险 / 10

第七节 录用通知的约定及风险防范 / 12

第二章 企业用工规章制度的制定及风险防范

第一节 企业用工制度的民主与合法 / 16

第二节 如何有效公示企业用工规章制度 / 19

第三节 设计企业用工制度的各项条款时的注意事项 / 20

第四节 规章制度的管理和运用 / 22

第五节 企业用工入职过程及培训期的风险防范 / 26

第三章 劳动合同的法律风险防控

第一节 试用期劳动合同的签订及风险防范 / 32

第二节　固定期限劳动合同的制定及签订 / 35

第三节　无固定期限劳动合同的制定及签订 / 37

第四节　以完成一定工作任务为限期的劳动合同的制定及签订 / 39

第五节　劳务派遣合同的签订及风险防范 / 43

第六节　非全日制劳动用工的合同制定及风险 / 49

第四章　劳动报酬的规章制度和风险防范

第一节　我国劳动立法框架下的工资构成 / 54

第二节　基本工资的确定与可能存在的争议 / 59

第三节　计时工资与计件工资的确定与风险防范 / 64

第四节　奖金和绩效工资的管理与常见问题的处理 / 68

第五节　工资支付的管理及可能存在的争议的处理 / 74

第五章　社会保险与福利待遇的规章制度和风险防范

第一节　企业福利待遇 / 86

第二节　企业社会保险 / 90

第三节　住房公积金 / 92

第四节　企业福利的运用及其法律风险防控 / 93

第六章　有关工作时间和休假管理的实务

第一节　我国劳动立法框架下工作时间的认定 / 98

第二节　我国劳动立法框架下休假类型的认定 / 103

第三节　标准工时制及其判定 / 106

第四节　非标准工时制度的特点与注意事项 / 107

第五节　年休假制度的实务认知 / 109

第六节　有关加班的管理及可能存在的争执的处理 / 113

第七节 病假管理的分类、审核以及待遇 / 116

第七章 劳动合同的订立与变更的风险及应对

第一节 劳动合同签订中的风险防范 / 124

第二节 劳动合同变更、解除与终止 / 128

第三节 劳动合同主体变更与内容变更 / 132

第四节 协商一致变更与合意变更 / 134

第五节 合法合理变更 / 135

第六节 工作岗位的变更 / 137

第七节 工作地点的变更 / 138

第八章 绩效考核的制定与风险防控

第一节 如何制定绩效考核制度 / 142

第二节 《中华人民共和国劳动合同法》对绩效管理的影响 / 144

第三节 关键业绩指标 / 146

第四节 绩效管理与薪酬的联动管理 / 149

第五节 绩效不能完成的原因和处理方法 / 150

第六节 劳动争议中绩效考核的审查思路 / 153

第九章 劳动合同的到期终止与续签的管理与风险防范

第一节 劳动合同自然终止的确定与法定顺延 / 156

第二节 无固定期限劳动合同的终止与相关风险 / 159

第三节 到期终止是否需要经济补偿 / 161

第四节 合同续签的提出与相关争执的处理 / 161

第五节 法定终止劳动合同的风险及其防范 / 163

第十章　劳动合同的解除及其法律风险的防控

第一节　《中华人民共和国劳动合同法》对于解除劳动合同的
　　　　有关规定 / 168

第二节　协商解除劳动合同的前提和关键 / 171

第三节　企业主动解除劳动合同涉及的风险及防范 / 172

第四节　劳动者辞职可能带来的风险防控 / 177

第五节　有关社保缴纳可能存在的争执及风险防控 / 181

第十一章　解雇可能带来的风险及有关经济补偿

第一节　经济性裁员的启动条件 / 190

第二节　经济性裁员的程序 / 192

第三节　企业裁员时的"代通知金"问题 / 194

第四节　企业经济性裁员时的经济补偿标准 / 195

第五节　违约金的赔付条件和计算方法 / 195

第十二章　离职手续和离职结算实务

第一节　如何做好离职交接 / 200

第二节　员工主动辞职或劳动合同终止是否需要开具离职证明 / 203

第三节　档案和社保关系转移实务处理 / 203

第四节　离职有关争执及其处理办法 / 205

第十三章　多种用工方式的选择及风险防范

第一节　全日制用工的管理 / 208

第二节　非全日制用工的管理和风险防范 / 208

第三节　各种灵活用工模式 / 210

第十四章　其他风险防范与处理实务

第一节　劳动保护中有关女职工保护的法规 / 214

第二节　禁止招用未成年人的法规 / 216

第三节　商业秘密与竞业限制的使用与风险防范 / 219

第四节　专项培训的使用与管理 / 221

第五节　职业健康风险防范 / 222

第十五章　劳动争议的风险防范与处理实务

第一节　是否属于劳动争议的甄别 / 226

第二节　劳动争议管辖地的选择 / 226

第三节　我国现行劳动争议处理机制 / 228

第四节　用人单位对劳动争议的举证规则与技巧 / 230

附：劳动合同解除/终止的62种情形 / 243

第一章
招聘过程中的法律风险及防范

第一节　什么是就业歧视

歧视，简而言之，指不平等的看待。国际劳工组织在《关于就业和职业歧视公约和建议书》中给"歧视"下了一个较规范的定义：任何根据种族、肤色、性别、宗教、政治观点、民族、血统或社会出身所作的区别，排斥或优惠；其结果是取消或有损于在就业或职业上的机会均等或待遇平等，从而构成歧视。而对于什么是就业歧视，一般是指没有法律上的合法目的和原因而基于种族、肤色、宗教、政治见解、民族、社会出身、学习方式、性别、户籍、残障或身体健康状况、年龄、身高、语言等原因，采取区别对待、排斥或者给予优惠等任何违反平等权的措施侵害劳动者劳动权利的行为。就业歧视渐渐成为一个社会问题，受到了广泛的关注，反就业歧视立法的呼声也越来越高。2022年政府工作报告明确提出，坚决防止和纠正性别、年龄等就业歧视，着力解决侵害劳动者合法权益的突出问题。就业歧视不仅严重侵害了求职者公平竞争的权利，也给社会经济发展带来了一系列负面影响。《中华人民共和国就业促进法》第六十二条规定，违反本法规定，实施就业歧视的，劳动者可以向人民法院提起诉讼。但实际上，现实中遭受就业歧视的劳动者大多忍气吞声。因为劳动者在与用人单位的博弈中处于弱势地位，且遭受就业歧视的大多数是一些个人技能方面并不突出的求职者，让他们去耗费精力维权不太现实。

1958年6月4日，国际劳工组织大会通过的《1958年消除就业和职业歧视公约》（第111号）是一个关于规范就业歧视问题的权威性文件。该文件中明确就业歧视是指由于种族、肤色、性别、宗教、政治见解、民族血统或社会出身等原因，具有取消或损害就业或职业机会均等或待遇平等作用的任何区别、排斥或优惠。

国内学者或者通过概括，或者通过列举的方式也对就业歧视进行了界定。如有学者认为，就业歧视是指因种族、肤色、性别、宗教、民族、党派、年龄、国籍、户籍等不同而造成的对劳动者就业方面的剥夺或损害。有学者认为，就业歧视是指在条件相等或相近的求职者的求职过程中，或者受聘者在就业时因某些与个人工作能力无关的因素不能够享有平等的就业机会以及工资配置、升迁、培训、就业安全保障等的平等待遇，从而使其平等就业机会受到损害的情况。相关学者从三个方面列举了就业歧视的表现：第一，用人单位的行为是否违反了公平就业的法律规定；第二，用人单位的行为是否有损害事实的存在；第三，用人单位在实施损害劳动者权益行为时是否具有主观过错因素。根据不同的歧视程度，歧视一般分为直接歧视和间接歧视。直接歧视也称为差别对待，是国外最早的反歧视法涉及的一种歧视形式。其立法基础是形式平等，即相同情况相同对待。实践证明，直接歧视概念对于处理极端的和显而易见的歧视非常有效。这些形式中的歧视，歧视的故意和公然表现出的偏见昭然若揭，毫无掩饰。间接歧视，也被称为不利后果的歧视或者差别影响的歧视。在《欧洲联盟非歧视指令》中，从立法上明确了间接歧视的定义："间接歧视是指表面上看似中性的规定和标准，将使（属于特定性别、种族或信仰等）个人处于与他人相比特别不利的地位，除非这种规定、标准或实践是基于合法的目的并有客观的法律理由，而且实现该目的的手段是必要的和适当的。"

第二节　招聘广告和招聘过程中可能存在的就业歧视

《中华人民共和国就业促进法》明确规定："劳动者依法享有平等就业和自主择业的权利。劳动者就业，不因民族、种族、性别、宗教信仰等不同而受歧视。"

在现实人力资源实务管理中，就业歧视的现象仍然存在，其表现形式各种各样。主要体现在以下几个方面：

（1）年龄歧视；

（2）学历歧视；

（3）性别歧视；

（4）身高与容貌歧视；

（5）地域歧视；

（6）疾病就业歧视。

招聘广告是企事业单位招录人才的一种重要的宣传方式，一方面可以通过招聘广告吸引到企业所需要的人才，另一方面招聘广告通过明确应聘者条件精确为企业招聘到合适的人才。而实践中，因招聘广告和录用条件存在就业歧视产生的争议也不在少数。如性别、户籍、年龄等是最常见的具有就业歧视的招聘要求，有的招聘广告甚至为了引人注目还有明确标注要求身高170厘米以上、相貌清秀、未婚未孕、不要"处女座"等限制条件。这些都属于典型的就业歧视。

当然，在日常就业中，我们经常遇到的就业歧视中最为常见的就是户籍歧视、性别歧视、学历歧视、地域歧视、年龄歧视以及疾病就业歧视等，比如说歧视农村户口劳动者、歧视外来打工人员、歧视女性就业者，甚至某些行业在35岁以上就受到年龄歧视。所谓歧视，与正常的招聘要求相比，是完全不必要或没有依据的限制条件。比如户籍歧视，就工作能力而言外地人也许并不比本地人差，只是因为该单位管理者对外地人存在固有偏见，而主观地剥夺了其就业平等的权利。

在所有就业歧视中，性别歧视也是常见的，有的招聘信息上明确写有只限男性，则有女性劳动者就认为这绝对是自己的权益受到了侵害，认为这一定就是就业歧视。其实也不一定，某些岗位因为工作的特殊性，的确会因为男女身体上及心理上存在的差异而做出性别限制，比如说刑警，绝大多数都是男性，这是可以理解的，也是法定合理条件。

近年来，随着人才市场中供大于求的矛盾日益突出，在招聘过程中各种就业歧视问题也越来越多地显露出来。就业歧视问题，严重影响了求职者的求职信心，侵犯了公民平等的就业权。就业歧视问题不利于人力资源合理有序地流动，更不利于经济的发展和社会的稳定。

比如性别歧视，用人单位在应聘者条件中明确规定只招聘男性或者以招聘男性为主，这是显性性别歧视。而招聘过程中的性别歧视，则是隐性性别歧视，在招聘过程中对女性求职者的歧视，表现在对一些没有特殊性别要求的岗位上，在发布的招聘信息中并不明确说明性别限制，但在实际的招聘过程中，却只考虑男性，而不会考虑女性。这种在招聘过程中的性别歧视严重影响了女性的公平就业权，并对女性今后的职业发展产生了很大的限制。

招聘过程中也存在隐性年龄歧视。隐性年龄歧视是指符合用人单位用人条件，甚至具有比其他求职者更高的能力，但仅仅由于年龄原因而使应聘者在招聘过程中被拒绝，失去平等就业机会的现象。就业年龄歧视严重破坏了市场经济公平竞争的基本原则，妨碍了劳动力市场的正常运行，不利于用人单位选拔、培养和使用人才，同时也不利于人才自身的成长。

招聘过程中的身体歧视也普遍存在，是指用人单位在招聘过程中设置一些与劳动能力无关的身体特征或身体健康标准，而使应聘者在招聘中遭遇不平等待遇的现象。这主要表现为两大类，一类是身体特征的歧视，例如，一些用人单位在招聘过程中对应聘者外在的体貌特征提出特殊要求，而这些条件又与工作本身无关（如身高不低于多少，体重不超过多少，相貌较好等）；另一类是身体健康者也会受到歧视。目前受到健康歧视最多的是身体有残疾的人、乙肝病毒携带者、艾滋病毒感染者等，这些人在招聘过程中经常因为身体健康问题而被拒之门外。这种身体歧视严重伤害了应聘者的人格尊严，侵犯了公民平等就业的权利，影响社会的稳定与和谐。

近几年，随着高校扩招的不断推进，高校毕业生逐年增加，在人才市场上形成了供大于求的局面。这就促使很多用人单位逐步调高用人条件，明明一个本科生能够胜任的工作岗位，在招聘过程中，如果有硕士生或者博士生来应聘，不是根据实际能力来评判，而是根据学历高低来选择是否留用。用人单位的这种用人理念，不仅造成人才的浪费，更是对能胜任工作岗位的相对低学历求职者的一种歧视。尤其是目前普遍存在一种怪象，即学校排名歧视。有些用人单位在招聘时先把学校进行排名，这种按学校排名而不是按应聘者的实际能力来确定录用的方式显然有失公平。有时候在求职过程中，还存在第一学历歧视。如在博士研究生、硕士研究生就业市场中，存在第一学历歧视问题。而第一学历歧视就是指用人单位在招聘过程中，不仅看应聘者在硕士或博士阶段就读院校的层次，更加看重其本科阶段就读的院校层次，并予以差别性不公平对待的现象。用人单位设置的这些所谓第一学历歧视项目，不但忽视了研究生的实际水平和发展潜力，增加了求职者的就业成本，在导致人力资本贬损的同时，也扰乱了研究生，尤其是博士研究生的就业市场秩序。

第三节　合理对待应聘者的体检结果

我国法律法规并没有对员工入职体检作出强制性规定，因此，企业可以要求员工做入职体检，也可以不要求。但是，一般企业为了防止员工带病入职，把入职体检作为一项必需环节，列入新员工入职流程，这么做的目的是有效地保障企业的利益。同时，企业对入职体检也提出了相关要求，一是医院等级，比如要求二甲以上医院；二是体检内容，比如血常规、X射线胸透等。

对待员工入职体检，企业管理者经常会遇到以下问题：

一、入职体检公司需要报销吗？

不一定。《中华人民共和国劳动合同法》仅禁止了用人单位在招聘时不得要求劳动者提供担保或者索取财物，但并未规定不得要求劳动者自行承担体检费用。在实际操作中，一般有以下两种做法：一种是由企业承担，如果企业发出入职录取通知书后要求员工体检的，这属于公司招聘的一部分，体检费应当由企业承担。如果员工已经支付了，企业应该予以报销。另一种是由员工自行承担，若求职者的健康状况与劳动合同和应聘岗位直接相关，是企业录用人员的重要参考指标，企业可要求求职者提供近期的体检表和健康证明，求职者应自行承担体检费用以提供证明。

二、体检不合格，企业可不予录用吗？

看情况。一种情况是录取后体检。如果用人单位已经发出录用通知书，却以员工体检不合格为由不予录用，是违法的。录用通知书是用人单位向拟录用的应聘者发出的意思表示，目的是与应聘者签订劳动合同、建立劳动关系，录用通知书一经送达应聘者，对用人单位即产生法律约束力。这时用人单位作出相反意思表示，要承担违法后果。另一种情况是录取前体检。将体检安排在录用通知之前，应聘者体检合格后再发放录用通知书，是合法的。同时，注意在录用通知书上增加"如体检不合格者，本公司不予录用"之条款。

三、一般入职体检项目有哪些？

因企业而异。在司法实践中，就存在员工在入职时，体检单位没有检查出职业病，导致企业最终承担法律责任。因此体检项目的设定是相当重要的。企业可针对自身岗位及生产环境的特点选择体检项目。例如：高温岗位不建议高血压人员从事；对四类特殊从业人员（食品生产经营人员、直接从事饮用水供管水人员、化妆品生产人员和公共场所直接为顾客提供服务人员）需要进行预防性健康检查；从事接触职业病危害作业的人员需要进行职业健康检查等。

第四节 劳动者欺诈风险有哪些

《中华人民共和国劳动合同法》第八条规定："用人单位招用劳动者时，应当如实告知劳动者工作内容、工作条件、工作地点、职业危害、安全生产状况、劳动报酬，以及劳动者要求了解的其他情况；用人单位有权了解劳动者与劳动合同直接相关的基本情况，劳动者应当如实说明。"本条是关于用人单位在招用劳动者时，用人单位的告知义务和劳动者的说明义务的规定。用人单位与劳动者应当在平等、自愿、协商一致下订立劳动合同，那就首先必须是劳动者与用人单位互相之间进行了解。也就是说，用人单位与劳动者在订立劳动合同之前，都有了解对方情况的知情权。一般知情权是指劳动者和用人单位为了缔结劳动合同进而相互了解对方有关信息的权利。但是实际生活中，用人单位和劳动者了解信息的能力是不对等的，为了把双方的知情权真正落到实处，防止用人单位利用劳动者不了解用人单位的基本信息侵害劳动者的合法权益，本条规定了用人单位的如实告知义务。同时，也规定了用人单位也有权了解劳动者与劳动相关的情况，劳动者也有说明的义务。所以，用人单位与劳动者分别履行告知义务和说明义务只能是在招用过程中，而不能在招工之后或者在劳动合同履行期间告知或者是说明。如果用人单位与劳动者不是在招用过程中告知或者说明，那么就属于欺诈行为。用人单位和劳动者任何一方提供虚假信息，都有可能导致劳动合同的无效。

欺诈，是指故意告知对方虚假情况，或者故意隐瞒真实情况，诱使对方基于错误判断做出的意思表示。用人单位招聘时，往往为更快地聚焦某类备选人员，会对招聘岗位的学历要求和履历要求做出具体规定，从而尽快达到选择相应劳动者的目的。如果在此情况下，劳动者向用人单位提供虚假学历或履历，造成用人单位具体错误判断与其签订劳动合同并向其提供相应工作岗位，当然构成欺诈。

《中华人民共和国劳动合同法实施条例》第二十六条规定：有下列情形之一，用人单位与劳动者解除约定服务期的劳动合同的，劳动者应当按照劳动合同约定向用人单位支付违约金：

（1）劳动者严重违反用人单位的规章制度的；

（2）劳动者严重失职，营私舞弊，给用人单位造成重大损害的；

（3）劳动者同时与其他用人单位建立劳动关系，对完成本单位的工作任务造成严重影响，或者经用人单位提出，拒不改正的；

（4）劳动者以欺诈、胁迫的手段或者乘人之危，使用人单位在违背真实

意思的情况下订立或者变更劳动合同的;

(5)劳动者被依法追究刑事责任的。

《中华人民共和国劳动法》第十八条规定:"无效的劳动合同,从订立的时候起,就没有法律约束力。确认劳动合同部分无效的,如果不影响其余部分的效力,其余部分仍然有效。"即,只要确认劳动合同无效,则自始对双方都没有法律效力。

对于劳动合同无效的法律后果,《中华人民共和国劳动合同法》第三十九条作了明确规定。

那么,用人单位如何举证?即只有用人单位可以举证证明在劳动者入职之初对劳动者的学历以及履历做出了要求,以及做出何种具体要求。如用人单位无法举证证明,虽然劳动者在相关学历和履历部分作假,但并未使用人单位基于错误判断作出意思表示,即劳动者不构成欺诈,在此种情况下,用人单位以劳动者存在欺诈行为而解除劳动合同属于违法解除劳动合同。因此,从用人单位的角度看,日常规章管理制度以及招聘启事、《员工手册》、《承诺函》等证明聘用条件的书面文件十分必要。

我国的劳动立法设计没有按照一般合同法原理把欺诈手段损害相对人利益的行为规定为可撤销行为,而是直接规定合同无效,单位可以行使解除权,这虽然会导致有能力的员工在原单位工作较长时间且完全可以胜任,但因为自己起初的欺诈行为而被完全否认,但这种立法设计却可以促使劳动者保持诚信、营造诚信的良好风气。

第五节　如何预防和应对劳动者应聘欺诈

预防劳动者应聘欺诈的防范措施主要有如下几种。

一、建立完备的招聘录用规章制度

要预防劳动者欺诈行为,<u>企业应当建立完备的招聘、录用规章制度</u>,对招聘流程的各种具体事务予以规范，从而不仅能保证录用员工的质量、防范招用的法律风险，而且在出现劳动争议时也有章可循，有据可依。

二、核查应聘信息是否真实

将劳动者的健康状况、学历、工作经历、职业资格等信息列入求职/应聘登记表的必填项目，对于重要岗位还需要求职者提供证明人，以便复查，并要求求职者签上名字，保证提供的资料都是真实的，并附言"上述所提供信息均真实有效，若有虚假，公司可根据《中华人民共和国劳动合同法》第二十六条，解除双方的劳动合同"。

三、必要的入职体检

企业在招用员工时应做必要的体检，确定其身体状况是否适合应聘的岗位需要，是否有潜在疾病、身体缺陷等。实际操作中可将体检安排在录用通知之前，应聘者体检合格后再发放录用通知书，避免入职后再辞退体检不适合企业的员工。同时注意禁止将乙肝作为体检项目。

四、保存好招用劳动者时的书面材料

为避免企业与员工间因知情权的履行而产生争议，防范相应的法律风险，企业应树立证据保存意识。在招聘、录用员工的过程中，积极采取书面方式保存员工提供的信息材料、企业告知材料及其他相关材料，并要求提供人、接收人签字盖章，以便争议发生时有据可查。同时，应当为每一个员工建立个人档案，作为员工在应聘及入职后的个人基本情况及考核、奖惩、职位、薪资变动等情况的证据。

第六节　录用管理中的法律风险

在实践中，用人单位招聘过程往往简单化、形式化，不注重入职审查，且加上《中华人民共和国劳动合同法》对双重劳动关系的间接承认，进而因轻视入职审查对用人单位用工带来了很大风险。

一、考察劳动者是否与原单位解除了劳动合同

《中华人民共和国劳动合同法》第九十一条规定：用人单位招用与其他用人单位尚未解除或者终止劳动合同的劳动者，给其他用人单位造成损失的，应当承担连带赔偿责任。一旦企业招用尚未解除劳动合同的劳动者，如果该劳动者被原用人单位起诉则企业就要承担连带赔偿责任，企业所招聘的人员含金量越大，这种连带赔偿风险就越高。

企业可以采取以下控制措施：（1）企业在录用员工时应注意询问并审查该员工与原单位已终止劳动关系的凭证，要求其提供与前单位的解除或终止劳动合同证明，并保留原件。如尚未解除劳动合同的，要求其原单位出具同意该员工入职的书面证明。（2）能够证明员工与原单位终止了劳动关系的凭证通常有终止、解除劳动通知书、终止或解除劳动合同证明书及其他。

二、考察劳动者基本信息是否真实，是否采用了欺诈手段

《中华人民共和国劳动合同法》第八条规定，用人单位有权了解劳动者与劳动合同直接相关的基本情况，劳动者应当如实说明。第二十六条规定，以欺诈手段使对方在违背真实意思的情况下订立的劳动合同无效或者部分无效。

企业可以采取以下控制措施：核实劳动者的个人资料的真实性，比如学历证明、从业经历，并在合同中要求其承诺经历的真实性。也可以要求其承诺简历。

三、被录用人员是否会涉及原企业商业秘密或竞业禁止义务问题

企业明知被录用的人员承担了原单位的保密义务或者竞业限制义务，并以获取有关技术秘密为目的故意聘用的，应当承担相应的法律责任。《关于加强科技人员流动中技术秘密管理的若干意见》第八条就有此规定。

企业可以采取以下控制措施：（1）对于录用的高级管理人员以及关键技术人员、科研人员，要注意询问审查其是否与原用人单位订有保密协议以及其向企业提供的重要信息是否有侵犯他人商业秘密之嫌。（2）企业在聘用新员工时应调查其在进入本企业前是否承担了对原企业的保密义务及竞业禁止

义务。要求劳动者承诺未承担竞业限制义务或竞业限制期限已满,并向原单位进行核实,以免发生不可预测的诉讼风险。如未承担此类义务,应在合同中明确声明或保证,如"乙方保证在甲方工作期间使用任何知识均与前受聘单位无关,乙方承担甲方交付的任何工作或任务,均不会侵犯前受聘单位的商业秘密"。如承担了对前单位保密义务,则应保证在本企业工作期间不利用前单位的保密信息为本企业服务。

四、被录用员工是否提供了体检证明,是否存在潜在病症

如果被录用员工不能提供体检证明,将给企业管理及其他员工身体健康带来一定风险。因此,企业应当采取相应措施,要求被录用员工提供体检证明。

五、采用恰当的录用通知方式

录用通知书具有法律效力,书面方式一旦发出就要受其约束或对话方式发出,了解即生效。

录用通知书撤回与撤销,企业可以采取以下控制措施:尽量采取口头通知方式,避免书面录取方式,为企业留下空间。以下作为通知及录用内容的参考:将录用条件作为劳动合同附件、明示给被录用者要其签字确认、在规章制度中对录用条件进行详细约定等。

六、招聘广告中的薪酬描述方法

企业在招聘时,在招聘广告中不能出现"具体待遇面谈"的字样,或不描述薪酬,或只标出范围,如 3000~5000 元。

第七节 录用通知的约定及风险防范

用人单位招用劳动者时,应该在录用通知中做好约定,防范风险。

一、发录用通知的注意事项

(1)录用通知书具有法律效力,一旦发出就会对企业产生约束力,如操作不当就会发生风险。录用通知在民法上属于"要约",只要求职者对录用通知做出回应，用人单位就有责任履行其中承诺。

（2）除录用通知书上明确可以撤销或撤回的情况外，用人单位不得随意撤回或撤销，否则就属于单方面撤销合同，如求职者证明因用人单位违约行为遭受损失，那么用人单位就应该对该损失承担赔偿责任。

（3）录用通知只对用人单位产生法律约束，如求职者没有表示接受，求职者就不受录用通知书法律约束。

（4）《录用通知书》经常与劳动合同不一致，因此必须在劳动合同中明确以劳动合同为准。

（5）企业尽量避免发出《录用通知书》，可采用电话联系、当面办理相关手续等方式。

二、企业如何核实求职者是否解约？

（1）招用劳动者时，要求其提供与原单位解除、终止劳动合同的证明；

（2）在无法提供证明的情况下，可做背景调查以了解是否存在未了结事宜，如住房、培训、违约金等，以及是否存在竞业限制、保密协议；

（3）如劳动者尚未解除劳动合同，又迫切需要这样的人才，应要求其原单位出具同意该劳动者入职的书面证明；

（4）在劳动合同中约定"乙方保证在签订该劳动合同时已与其他用人单位解除或终止劳动合同，若因该问题引起劳动纠纷，由乙方自行承担相关责任"；

（5）在劳动合同中约定"乙方保证在签订该劳动合同时不存在与其他用人单位的保密协议、竞业禁止协议，若因该问题引起劳动纠纷，由乙方自行承担相关责任"；

（6）如果是一定要使用该人员，但是没有办法获知他的劳动关系的情况，可以让员工写明与原单位没有劳动关系的说明，同时让其在填写入职资料时将填写的经历填写在入职前已经与相关单位没有劳动关系的时间，同时在入职表后面一定要注明本人充分了解学历证明、资格证明、工作经历等资料真实是公司聘用的前提，如有虚假，公司可立即解除合同，由此造成的损失由本人负责并不予以经济补偿。

除录用通知书上明确可以撤销或撤回的情况外，用人单位不得随意撤回或撤销，否则就属于单方面撤销合同，求职者证明因用人单位违约行为遭受损失，那么用人单位就应该对该损失承担赔偿责任。

三、用人单位及劳动者如实告知

用人单位应当如实告知劳动者工作内容、工作条件、工作地点、职业危害、安全生产状况、劳动报酬，以及劳动者要求了解的其他情况；同时，用人单位有权了解劳动者与劳动合同直接相关的基本情况，劳动者应当如实说明。

用人单位发出录用通知时的告知义务很重要，劳资双方均有知情权。用人单位如果隐瞒真实情况将会影响到劳动合同的效力，有可能导致劳动合同无效并承担赔偿责任。

在实务操作中，从举证角度考虑，用人单位应当以书面形式告知劳动者，并保留相关证明：一是在入职登记表中进行设计，让员工确认；二是在劳动合同中明示让员工确认。

四、用人单位不得要求劳动者担保

用人单位发出录用通知时，不得要求员工提供担保。用人单位招用劳动者，不得扣押劳动者的居民身份证和其他证件，不得要求劳动者提供担保或者以其他名义向劳动者收取财物。

在实务操作中，本条规定的"其他证件"包括但不限于下列证件：居民户口簿、毕业证、学位证、资格证、专业技能证书、职称评定证书等。也不得以保证金、抵押金、培训费、服装费、纪律违约金等形式收取担保费用。

第二章
企业用工规章制度的制定及风险防范

第一节 企业用工制度的民主与合法

俗话说"国有国法,家有家规",企业规章制度就好比企业内部的"法律"。制定完善有效的规章制度,是企业实现规范化管理和企业用工自主权的重要方式和依据。但是,一个好的规章制度,除了必须严格遵守法律规定外,还应当从本企业的实际出发,具备合理性和较强的操作性,否则,看起来再完美的制度也只不过是一张废纸。

实践中我们常常见到企业自以为合法完善的规章制度,却往往被法院认为是无效的,不能用以约束员工。那么,怎么制定一个合法的规章制度,同时又能保证制度的合理可行、符合企业的实际管理需求呢?

一、什么样的规章制度才是合法有效的

一个企业的规章制度要具有法律效力,能有效地约束员工,应当具备三个条件:第一,规章制度内容具有合法性,即内容合法;第二,制定和通过经过讨论协商,即民主程序;第三,向劳动者公示公告,即公示程序。

(一)内容合法

内容合法是指用人单位的规章制度,其内容应符合《中华人民共和国劳动法》《中华人民共和国劳动合同法》及相关的法律法规,法律有明文规定的,用人单位可以依据法律规定对规章制度进行细化;对于没有相关法律规定以及法律没有禁止性规定的,用人单位可以依据劳动法律立法的基本精神以及公平合理原则制定规章制度。

(二)民主程序

依据《中华人民共和国劳动合同法》的规定,用人单位在制定、修改或者决定直接涉及劳动者切身利益的规章制度或者重大事项时,应当经职工代表大会或者全体职工讨论,提出方案和意见,与工会或者职工代表平等协商

确定。

这里的"规章制度"应作广义的理解,是指企业为了加强劳动关系管理,在企业内部实施的规范劳动者义务和保障劳动者权利的全部行为准则,包括劳动合同管理制度、岗位职责制度、绩效考核制度、薪酬福利制度、考勤制度、休假制度、奖励与惩罚制度和培训制度等。

"民主程序"主要包括两个步骤:第一步是讨论程序,即与全体职工或职工代表讨论规章制度草案提出方案和意见;第二步是协商确定程序,即用人单位与工会或者职工协商确定规章制度文本。

(三)公示程序

《中华人民共和国劳动合同法》第四条规定:"用人单位应当将直接涉及劳动者切身利益的规章制度和重大事项决定公示,或者告知劳动者。"作为企业内部的规章制度必须对其适用的人进行公示公告。

实践中,企业可用作公示或告知的手段很多,比如,很多企业将规章制度张贴在公告栏中进行公示,还有一些公司利用内部办公系统进行公示,或发送公共邮件等,这些方法虽然简洁高效,却不能有效地防范法律风险,由于存在举证困难的问题,一旦员工否认,企业将会非常被动。因此,为了方便证据的固定和保留,我们建议用人单位首选发放员工手册的办法来作为公示手段,即将企业的规章制度汇编成册并融合进企业的员工手册里,让员工签收,并确认已知悉该规章制度的全部内容且同意遵守。如内容有增加、更改的,需针对修改内容履行签收手续。

二、什么样的规章制度才是完善合理的

(一)内容合理

关于"合理"标准,很难有一个统一的界定,必须具体情况具体分析。由于用人单位各行各业千差万别,同样的规章制度放在不同的企业,其效力和适用结果很可能大相径庭。比如,对于生产烟花爆竹的企业,员工在车间内吸烟是极其危险的,因此,在规章制度中将吸烟作为劳动合同的解除条件是合理的;但是对于一般公司而言,吸烟行为就是一般的违纪行为,若企业将该行为作为解除条件，就存在很大的不合理性。再比如，对于生产型企业，流水线上的一个员工的迟到可能会造成停产，给企业带来重大损失，因此，约定员工迟到累计两次解决劳动合同有其合理性。但是对于普通公司而言，如果工作的性质对于时间性的要求并不高，并且迟到并不会给公司带来相对重大的损失，则这样的规定显然过于苛刻，缺乏合理性。

（二）细化标准

实践中，很多企业不是没有规章制度，而是有相对全面且繁多的规章制度，对于企业经营管理涉及的方方面面均有规定，但是真正需要靠规章制度来解决劳动争议和纠纷时，却发现规章制度根本不管用。原因就在于企业的规章制度虽然多而全，但是实际操作性不强，缺乏明确的适用标准，导致解决实际问题时成了一纸空文。

规章制度不应只是法律规定和条文的简单罗列，更应是一套符合企业自身实际、切实可行的标准化手册。通过相关制度的完善和标准的细化来形成对自己有利的局面，从而在法律允许的范围内实现更自主的用工管理。

三、企业规章制度没有经过民主程序是否全部无效呢

一般不同地区的审判实践有所不同，规章制度虽未经过民主程序，但规章制度的内容合法且经过公示程序，劳动者没有异议的，也可以作为劳动仲裁和人民法院裁判的依据。

如果规章制度经"平等协商确定"程序无法达成一致，企业可以最终自行决定。根据《中华人民共和国劳动合同法》第四条规定的"平等协商确定"主要是指程序上的要求，如果企业和职工或工会经平等协商无法达成一致，那么最后的决定权还在用人单位手里。该规章制度违反法律法规的规定，给劳动者造成损害的，劳动者可依法寻求救济。

当然，即便企业没有组建工会，也不会影响规章制度的效力。工会作为企业职工自愿结合的组织，在法律并不强制企业建立工会。如果企业职工没有组建工会，制定和修改规章制度可以与职工民主选举的代表平等协商，亦不会影响规章制度的效力。

第二节　如何有效公示企业用工规章制度

《中华人民共和国劳动合同法》第四条规定："用人单位应当依法建立和完善劳动规章制度，保障劳动者享有劳动权利、履行劳动义务。用人单位在制定、修改或者决定有关劳动报酬、工作时间、休息休假、劳动安全卫生、保险福利、职工培训、劳动纪律以及劳动定额管理等直接涉及劳动者切身利益的规章制度或者重大事项时，应当经职工代表大会或者全体职工讨论，提出方案和意见，与工会或者职工代表平等协商确定。在规章制度和重大事项决定实施过程中，工会或者职工认为不适当的，有权向用人单位提出，通过协商予以修改完善。用人单位应当将直接涉及劳动者切身利益的规章制度和重大事项决定公示，或者告知劳动者。"

最高人民法院《关于审理劳动争议案件适用法律问题的解释（一）》第五十条规定："用人单位根据《中华人民共和国劳动合同法》第四条规定，通过民主程序制定的规章制度，不违反国家法律、行政法规及政策规定，并已向劳动者公示的，可以作为确定双方权利义务的依据。"

实践中，很多企业虽然知道规章制度公示的重要性，但由于欠缺证据意识，发生争议后却因举证不能而无法得到法律的支持。

根据上述规定，合法的程序就是该管理制度经职工代表大会或全体职工探讨，明确提出计划方案和建议，与工会或是职工监事公平商议明确。公司在修改、完善考勤制度前应当先经职工代表大会或者全体职工大会等民主程序讨论协商确定。在实施相关制度前，也应将涉及劳动者切身利益的规章制度进行公示或者告知劳动者。否则，不可作为确定双方权利义务的依据。

根据《中华人民共和国劳动合同法》的有关规定，企业的规章制度在制定或修改后，应当向员工公示或者告知劳动者，否则一旦企业与员工发生劳动争议，未经公示的规章制度是不能被作为审理劳动争议案件的依据的。一般企业在进行规章制度的公示方式时可采用下列方法：

（1）直接将规章制度作为劳动合同的附件，在劳动合同中专款约定"劳动者已经详细阅读，并愿意遵守用人单位的《劳动规章制度》"，让劳动者在劳动合同上签字。

（2）将规章制度以手册形式发给员工，交由员工阅读，并且在阅读后签字确认。用人单位应保留规章制度的发放证据。

（3）将规章制度放在公司网站上由员工浏览，通过计算机技术手段记录员工浏览规章制度的情况。

（4）将规章制度在厂区公共区域将规章内容全文公告，并且将规章制度的公示现场以拍照、录像等方式记录备案。

（5）将规章制度发到员工个人邮箱里，保留发信记录。

（6）将员工对于企业规章制度的了解情况作为考核项目，定期或者不定期考核员工对规章制度的了解情况，记录规章制度考核结果并让员工签字确认。

（7）召开全体职工大会或者组织全体职工对规章制度进行集中学习、培训，让员工在规章制度学习培训报到表上签名。

（8）进行相应规章制度的考试，并保留规章制度的试卷。

第三节　设计企业用工制度的各项条款时的注意事项

企业在设计用工制度的各项条款时，需要注意以下事项。

一、签订书面的劳动合同并依法购买社保

不依法签订劳动合同的，劳动者可以请求支付双倍工资，而没有依法为劳动者购买社保的将会受到劳动保障部门的罚款，造成企业非生产成本的增加。

二、签订书面合同时要注意根据企业的情况规定竞业禁止和保密协议的内容

做好入职审查工作。招聘过程中的入职审查是对入职者的身份、履历进行核实的过程，重要目的是防止未与原单位解除劳动合同关系的人员或者负有竞业禁止义务的人员进入本企业。《中华人民共和国劳动合同法》第九十一条规定：用人单位招用与其他用人单位尚未解除或者终止劳动合同的劳动者，给其他用人单位造成损失的，应当承担连带赔偿责任。因此企业在新员工入职审查过程中应当要求有工作履历的应聘者提供与原用人单位解除劳动关系的书面证明。

三、在入职审查过程中，身份证明的审查也是非常重要的

公安部有专门的查验居民身份证据真实性的平台，企业应当积极运用这一平台查验新入职员工的身份情况。如果新入职员工的身份证丢失，可通过要求新入职的员工提供"无违法犯罪行为证明"来审查其身份证明。

四、履行好告知义务

《中华人民共和国劳动合同法》规定用人单位应当如实告知劳动者工作内容、工作条件、工作地点、职业危害、安全生产状况、劳动报酬，以及劳动者要求了解的其他情况。用人单位应当将直接涉及劳动者切身利益的规章制度和重大事项决定公示，或者告知劳动者。在实践中，法院审查这一点主要看是否通过了公示程序。因为网站公告、电子邮件传送、宣传栏公告这三种公示方式都不易于举证，所以企业在公示时尽量采取书面形式。将公示内容尽量写入合同中，这样就确保员工签订合同时，已经知晓并认可这些内容。

五、以"紧急联系人"方式合法地实现就职担保

《中华人民共和国劳动合同法》第九条规定，用人单位招用劳动者，不得扣押劳动者的居民身份证和其他证件，不得要求劳动者提供担保或者以其他名义向劳动者收取财物。一边是劳动者的求职心切，一边是企业的用工风险，劳动者和企业陷入两难。如果在用工表格设计中添加一栏"紧急

联系人",要求入职者提供 1~2 名亲属的联系电话和住址,然后进行审查核实,既能防范外地劳动者在就业过程中可能出现的失联现象,又能防范企业用工风险,在员工出现紧急情况时,比如身体不适等状况,可以联系紧急联系人。

六、建立完善的绩效考核制度

《中华人民共和国劳动合同法》第三十九条是关于用人单位单方解除劳动合同的规定,"严重违反公司规章制度"这一法律规定正是企业制定具体考核奖惩办法掌握主动权的源泉。正是因为国家法律法规没有明确具体的规定,因此给企业留下了自行制定奖惩标准的空间。企业可以结合自身特点,根据企业规模、盈利状况和员工数量自行制定多层次、多档位的考核奖惩办法。

七、建立完善的档案管理制度

企业档案是企业在生产、经营活动中形成的对本企业具有保存价值的各种文字、图表、音像等不同形式的资料。档案管理是为了高效、有序地利用档案材料,提高企业工作效率。对于现代企业来讲档案管理制度还有其特殊的价值。以人事档案为例,规范化的档案管理可为企业提供员工个人经历、业务水平、工作表现、工作变动等情况,便于企业知人善任。其法律意义也尤为重要,在发生劳动争议的时候,规范化的档案管理制度可以帮助企业规避因不能举证导致的败诉风险。

第四节　规章制度的管理和运用

规章制度的建设是企业基础管理的一项主要内容。要把企业里的人、财、物、信息等因素,根据企业发展战略和生产经营的需要,实现最优、最佳组合,形成科学运行机制,发挥整体效益,就必须制定一套切实可行的规章制度。规章制度不仅是企业核心价值观、核心竞争力、企业文化的具体反映,也是衡量一个企业整体管理水平的重要标志。

一、企业规章制度的含义及其在现代企业管理中的地位

企业规章制度通常是指企业对生产、技术、经济等项活动制定的各种规则、章程、程序和办法的总称,是企业全体职工在生产、技术、经济等项活动中共同遵守的规范和准则。企业规章制度是现代企业实现社会化大生产的客观需要,它既反映合理组织生产的需要,又反映生产关系的要求。建立合理的规章制度有助于实现科学管理,消除工作中的混乱现象,保证企业生产经营活动顺利进行。

《中华人民共和国劳动法》第四条规定:"用人单位应当依法建立和完善规章制度,保障劳动者享有劳动权和履行劳动义务。"《中华人民共和国劳动法》之所以要求用人单位依法建立和完善规章制度,是由于国家制定的劳动法律、法规具有原则性和普遍指导性,不可能具体到每个地区、行业、岗位,而最具体、最切合实际、最容易被企业和职工了解掌握、付诸实施的是企业规章制度。企业规章制度是国家劳动法律、法规的延伸和具体化,是企业管理的重要依据,是企业职工行为的准则。企业规章制度是企业岗位管理、工作流程规范的实施基础,是完成企业生产任务的基本保证,是企业平稳、流畅、高效运行的重要保障,也是企业文化的重要组成部分。企业制定规章制度的主要目的是维护企业日常管理及生产正常秩序,提高劳动生产率和企业文化内涵,创造和谐稳定的劳动关系,构建和谐企业建设。

二、企业规章制度运用中的常见问题

(一)运用规章制度的有效性问题

运用各项规章制度进行企业管理,是现代企业管理的要求。能否正确地运用规章制度,决定企业各项活动是否具有有效性。任何一个集体,要实现其既定目标,都离不开规章制度的有效约束力和强制力。它能凭借自己的强制性力量促使人们按照一定的标准状态和要求,在一定的限制条件下进行有效的活动。

在一些企业尤其是中小微企业中,几乎没有完善的规章制度,多采用

"人治"的领导方式。由于缺乏制度，没有处理事情的统一规范和标准，只听领导的指示而行动，这样就导致领导事必躬亲，管理效能低下。此外，"人治"往往使领导者将个人的意志强加于人，奖亲罚疏，任人唯亲之类的事情很难避免，且会造成下级对上级形成事事请示的依附关系。

如果企业有完善系统的规章制度，则会产生不同的效果。由于各项规章制度是约束企业内部所有人员，包括领导者和被领导者的行为规范，因而具有平等性；并且各项规章制度都有着标准化、合理化、程序化的具体内容，这些内容是已经过本单位职工认可的。那么，运用制度管理具有的权威性，在执行过程中具有强制性；同时它又具有例行性和自动性。

（二）运用规章制度的灵活性问题

企业在强调不折不扣坚持执行规章制度的同时，又要十分注意因时、因地、因人制宜，富有创造性地运用规章制度。要预防千篇一律，生搬硬套的倾向。各个单位、各个部门的工作性质不同、环境不同，规章制度应因地制宜。现实中的事情是纷繁复杂、不断发展变化的，而作为规范性的制度都是刚性的，生硬、僵化的做法很难奏效，这就要求各级领导和组织加以正确的引导。但同时也应防止一些人专门寻找制度的薄弱环节，钻制度不完善的空子，从而使某些错误的东西得不到及时纠正，反而会得到制度的保护。

（三）运用规章制度的规范性问题

制定制度后，最重要也最艰难的工作是落实。一项符合实际的制度也需要花大力气才能落实，才能规范有效运行。

1. 领导者要严于律己

在执行规章制度过程中，领导者要严于律己。一项制度出台，在其适用范围内必须是人人遵守，特别是领导干部更应以身作则。如果领导干部带头不执行制度，就等于用实际行动向职工宣布，该制度失效了。因此，一个领导者能否做到严于律己，不分亲疏，既是对自己是否具备领导者素质的检验，又是是否维护制度权威性的关键。

2.必须遵循一定的程序

在制定和执行规章制度过程中,必须遵循一定的程序。先调查研究,弄清情况。即对实际情况要认真了解,找出主要症结,这是制定切实可行制度的前提。再发扬民主,充分讨论。要尽最大可能地让职工参加各项规章制度的制定,这样既可以避免制度脱离实际,保证制度的科学性,又有利于统一认识,沟通感情,从而为制度的贯彻执行奠定基础,减少执行制度的阻力。否则,会使职工认为是"管、卡、压",认为领导是有意在"整人",从而产生对抗心理。因此,制定的各项规章制度必须具有广泛的群众基础,得到全体职工的认可,这样就会增强规章制度的权威性。

3.运用规章制度的整体性问题

辩证唯物主义认为,世界上的任何事物都不是孤立存在的,而是由若干相互作用、相互制约的因素构成的整体。因此,在企业管理中,运用规章制度也要考虑其整体性问题。为确保规章制度的整体性,必须十分注意规章制度的纵向或横向联系,使之形成一个有机的整体。纵向关系的协调关键在于下级部门和单位。下级部门和单位制定的规章制度必须符合上级部门的有关要求。横向关系也必须协调,有时会遇到以下情况:面对同一个需要解决的问题或需要规范的对象,几个部门从各自不同的角度和需要出发,都制定了规章制度,但由于互不沟通,结果出现矛盾,发生规定"撞车"、制度"打架"现象,使执行者无所适从,这样的规章制度是不会有什么执行性的。

三、企业规章制度运用要抓好"三个结合"

(一)执行规章制度与思想工作相结合

规章制度所能约束的,大多是人的行为。而人的外在的行为表现,是受其内在的思想意识支配的。有了约束其行为表现的规章制度,并不能完全解决其思想认识问题。领导者应将规章制度的执行过程视为宣传教育的过程,不仅执行之前要有动员,说明所定规章制度的意义和执行要求,而且在执行过程中也要反复进行说理性宣传,使规章制度在职工内心得到普遍认同。

（二）规章制度的静态管理与执行过程的动态管理相结合

企业规章制度不是固定不变的，要实行动态管理。随着生产的发展、客观情况的变化，对那些已经不能正确反映客观规律要求、阻碍企业发展的规章制度，要及时修订或废除。发现原制度有不合理的地方要及时纠正，新情况、新问题出现后要及时补充新条款。

（三）坚持规章制度建设和企业文化建设相结合

在企业中，具有完善的规章制度体系是否就意味着一定会带来严密的管理呢？其实不然，现实中许多企业的规章制度不可谓不全面，墙上挂的、纸上写的，比比皆是，实际运行起来却是漏洞百出。所以，不应持有规章制度涵盖一切，一切都由规章制度约束的观点。制度建设与企业文化建设齐抓共管，才能依靠企业文化的推动使规章制度更加深入人心，同时依靠制度建设使模糊的意识得到统一。在企业文化的建设上，使职工和企业融为一体，知道哪些事情是可以做的，哪些事情是不能做的，主观上避免违规行为的发生，只有这样才能做到日常的行为不超出规章制度允许的范畴。而培养这种意识的关键途径在于加强企业文化建设，通过企业文化的渗透，培养职工遵章守纪的意识。

第五节 企业用工入职过程及培训期的风险防范

一、企业用工入职过程中的风险防范

企业在招聘员工的时候都会对应聘者进行面试，在面试的过程中会问到一些个人的基本状况，往往很多求职者在面试环节表现得都非常理想。有些求职者即便是相关经验在实际的工作当中并不是很丰富，但是在面试环节却很难让面试官辨别，因为很多求职者在面试之前去网站或者机构学习一些面试攻略，这会给面试官带来很大的难度，也会因此录用到不符合岗位需求的员工。

如果企业录用员工，在入职时就规避风险，那么企业就会降低很多因为

录用不合格人员而引发的管理成本和资金成本。

企业在录用员工时规避风险的操作主要是在面试之后,对员工的真实工作经验以及学习培训经历进行相关调查,俗称背调,但是在进行背调时必须经过求职者的同意。可以通过在面试表格上增加一栏,就是求职者是否同意企业对过去工作经历以及学历水平进行背景调查,如果员工同意,那么企业可以进行调查,如果有员工不同意的企业进行调查,那么就会涉及员工的个人隐私,则属于违法行为。

员工在入职时,就是与企业建立劳动关系的时候,这个时候规避风险的操作就是将员工的入职条件以及岗位需求以书面的形式告知员工,然后把不符合录用条件的后果也与员工讲清楚,当然企业相应制度也要与员工告知,这些材料都需要得到员工的认可,以员工签字为准。

员工是企业的一部分,对员工各方面的投入和付出也是企业成本中最大的一部分,所以员工入职时,企业应尽量规避风险,否则会加大企业成本。

二、企业用工培训期的风险防范需要注意以下几个要点

(一)内在风险

培训的内在风险是指由于企业没有对培训进行合理规划和有效管理而导致培训的质量不高,使培训没有达到预期的目的,培训的投资收益低下。

1. 员工培训理念风险

理念风险主要是企业的高层领导和受训员工对培训持有错误观念和错误定位,没有形成正确的认识而导致损失的可能性。一些企业高层领导由于把培训当成一种资本,而不是投资,从而对培训产生一些错误认识,认为培训是浪费时间和金钱的活动、培训是为他人做嫁衣、培训是培训部门的职责、高层管理人员不需要培训、市场上流行什么就培训什么等错误的培训观念,必然导致培训效果不理想,同时,作为培训主体的受训员工对待培训的态度及认知也会直接影响到培训的效果。

2. 员工培训技术风险

培训技术风险是在进行培训需求分析、出示培训计划、培训实施、培训效果的评估以及培训成果转化的某个环节，由于管理不当或者不能及时正确地作出判断和结论可能对企业造成损失。如没有做好明确的培训需求分析，培训目标脱离企业的发展方向；培训内容与形式脱离真正需要；不能为员工进行培训成果的转化创造一个有利的环境等，都会给培训带来风险。

（二）外在风险

企业培训也存在外在风险。培训的外在风险是指虽然培训项目达成了预定目标，但由于各种外在因素导致企业遭受各种直接或间接损失的可能性。

1. 员工流失风险

培训提高了员工的能力和素质，增强了员工在企业和社会上的竞争力，但同时也增加了员工离职的可能性。更严重的是，许多企业员工将在原公司所获得的技术、信息、经验直接带到新企业或自己组建企业，进而导致原企业认为自己为竞争对手培养人才或直接培养了未来的竞争者。

2. 专业技术保密难度增大的风险

企业通常都有自己的管理经验和专有技术，由专业的技术人员进行操作和管理，使之转化为生产力和具体产品。随着科学技术的快速发展，专业技术人员也应不断参加学习，接受培训，才能够增强企业的技术优势，提高企业的核心竞争力。培训和学习也会使更多的员工掌握这些专业技术秘密，当然，掌握的人越多保密难度越大。

3. 培训收益风险

培训收益具有一定的时滞性。如果企业因为竞争的需要、政策的转变，或者仅仅因为在短期看不到培训所产生的直接效益，而对培训工作产生怀疑，改变企业经营战略或者进行经营范围调整，如大规模产品转产导致关键技术环节的技术改造，各个职能部门的大调整或者重要人事变动等，都会使培训工作付诸东流，完全没有回报。

（三）如何防范企业培训风险

1. 转变培训理念

转变培训理念，从企业领导者的角度，要正视员工培训投资所产生的风险，认识其客观存在，并充分认识到有效的员工培训与开发会极大地增加企业的人力资源价值，提高企业的经济效益和市场竞争力。从受训者的角度，通过学习氛围的营造、宣传、教育，使受训员工明确企业进行培训的真正原因及意图，明确培训对其自身职业发展的重要作用，提高受训员工参加培训的积极性。

2. 强化培训风险意识

培训作为重要的人力资本投资活动，有收益，亦会有风险。投资的收益越大，其投资的风险也越大。培训风险的存在是缘于培训所具有的不确定性和不可控性。只要存在这种不确定性，企业培训风险的存在就是必然的。因此，企业管理者要有正确的风险投资意识和明确清晰的培训理念，不必因噎废食。

3. 规范培训流程，提高培训质量

进行培训需求分析。科学合理的培训需求分析是培训有效性的基础，需求分析不准确或者不到位，会严重影响培训效果。培训需求分析过程中，要根据企业的实际情况，深入分析企业的培训需求即谁需要培训、需要什么样的培训、什么时候培训等，而不是盲目跟风。这就需要选择合适的人对需要培训的组织开展培训需求分析，并选择科学的培训需求分析方法，力求使需求分析结果客观和准确。

制订有针对性的培训计划。企业要根据发展战略和培训需求制订培训计划。包括设定培训目标和内容、确定培训人员、培训方法和形式、培训预算等。根据培训目标和计划，按照轻重缓急，配以相应的人财物等资源，保证培训计划的贯彻和落实。

做好培训计划实施过程的管理。要谨慎选择培训机构与培训师，多方比较性价比、知名度等后再做选择。对于培训所需的设施设备与培训环境要精心安排，确保培训师顺利地完成与培训相关的活动。了解学员培训过程中的反应，及时和培训师沟通并做调整，满足学员的需要。

做好培训结束后的管理。开展培训后续跟踪活动，提供后续资源。

第三章
劳动合同的法律风险防控

第一节　试用期劳动合同的签订及风险防范

在应聘入职的时候，很多用人单位都会设立一个试用期，以此来考验试用的员工能不能胜任用人单位的工作，劳动者可以在这段期限内查看这份工作适不适合自己，这是一个在面试之后双重选择的机会。

但是有很多用人单位感觉试用期的员工就是廉价的劳动力，延长试用期，还有一些用人单位会压低试用期员工的工资，甚至制定一些违法的规定，那么，试用期如何签订劳动合同呢？

一、并非所有劳动合同均可约定试用期，三类合同不得约定试用期

根据《中华人民共和国劳动合同法》的规定，短期劳动合同、以完成一定工作任务为期限的劳动合同及非全日制劳动合同不得设置试用期。《中华人民共和国劳动合同法》第十九条规定："以完成一定工作任务为期限的劳动合同或者劳动合同期限不满三个月的，不得约定试用期。"第七十条规定："非全日制用工双方当事人不得约定试用期。"

二、试用期不能单独设定

在实践中，某些单位与劳动者只签订试用期合同，有人称之为"空城计"，针对这类现象，《中华人民共和国劳动合同法》也做了明确规定，明确该并非试用期而是劳动合同期限。《中华人民共和国劳动合同法》第十九条规定："试用期包含在劳动合同期限内。劳动合同仅约定试用期的，试用期不成立，该期限为劳动合同期限。"

三、只能试用一次

在实践中，某些用人单位对劳动者反复约定试用期，反复试用，有人称之为"连环计"。《中华人民共和国劳动合同法》确立了一次试用期制度，《中华人民共和国劳动合同法》第十九条规定："同一用人单位与同一劳动者只能约定一次试用期。"一次试用制度在实践中引发的争论比较多。现实中还存在这样一种情形，就是对于二次雇用的（即某个员工从公司离职一段时间后再次加盟），能否与该劳动者再次约定试用期？对此，各界看法不一，从《中华人民共和国劳动合同法》的文意来看，并未留下任何活口，应当理解为不允许例外情形的出现。

还曾经出现过这样的案例：一家公司与新进员工均是签订三年的劳动合同，按照《中华人民共和国劳动合同法》的规定，这种情形最长可以约定六个月试用期。然而，如果与每位员工均约定六个月试用期的话，在招工时会遇到困难，员工的抵触情绪也比较大。在新员工中，大部分人通过三个月的试用期便可以达到公司要求，只有极少部分员工无法达到。因此，为了吸引人才及不让大多数人产生不满情绪，公司统一与新员工约定试用期为三个月而非六个月。不过，对于极少部分员工，公司也愿意再给予一次机会，如果三个月考核达不到公司要求，则公司可以不立即与其解除劳动合同，而希望与员工协商将试用期延长至六个月，如果六个月满前能够达到公司的要求，也可顺利转正。那么公司能否与新员工协商一致将试用期延长至六个月呢？这要视具体情况而定，如果是在三个月的试用期内，则可以与劳动者协商一致将试用期从三个月延长为六个月，这是一种试用期的变更，还是只约定了一次试用期。但如果是已经过了三个月试用期，则不能再将试用期延长至六个月，因为劳动合同约定的试用期已经结束，此时如果再延长试用期至六个月，相当于再约定一次试用期，这是法律所不允许的。

我们在实际操作过程中也经常遇到这样的情形，新进员工刚入职不久便生病住院，而等其出院后重新工作时，可能还有几天试用期便将届满，甚至早已过了试用期。实际上，员工根本没有进行什么实质性的工作，当然也没有通过考核，那么在这样的情形下，公司是否可以延长试用期呢？在这种情形下，公司不能单方延长试用期，只能在双方协商一致的基础上进行延长，而且双方协商一致延长试用期，同时需要满足以下两大要件：双方原本约定的试用期不满其劳动合同期限所允许的最长的试用期长度；在试用期内协商一致。

在实践中，升职后能否再次约定试用期也经常是我们不得不面对的一个问题，可以说答案是否定的，不能再约定试用期。在升职的情形下，劳资双方可以约定一个转岗考核期或者称为转岗考察期，在考核期或者考察期内，如果经过考核或者考察，能够胜任新的岗位则予以转正。如果经过考核评估不能胜任新的岗位则可以回到原来岗位。需要注意的是，这里只能够回到原来岗位，而不能以不符合录用条件为由解除劳动合同。

四、试用期期限与劳动合同期限挂钩

针对实践中一些用人单位滥设试用期期限的现象，《中华人民共和国劳动合同法》采取了试用期期限的设定须与劳动合同期限挂钩的模式。《中华人民共和国劳动合同法》第十九条规定："劳动合同期限三个月以上不满一年的，试用期不得超过一个月；劳动合同期限一年以上不满三年的，试用期不得超过两个月；三年以上固定期限和无固定期限的劳动合同，试用期不得超过六个月。"这里的"以上"包括本数，"不满"不包括本数。

五、严格限定试用期工资

对实践中有些单位在劳动合同中对试用期工资随意进行约定的现象，《中华人民共和国劳动合同法》及《中华人民共和国劳动合同法实施条例》也做了特别限制，试用期内工资不得低于一定的标准。根据《中华人民共和国劳动合同法》第二十条及《中华人民共和国劳动合同法实施条例》第十五条之规定，劳动者在试用期的工资不得低于本单位相同岗位最低档工资的80%或者不得低于劳动合同约定工资的80%，且不得低于用人单位所在地的最低工资标准。关于试用期间工资标准，实质上做了两大限定：一是选择性限定，即不得低于本单位相同岗位最低档工资的80%或者不得低于劳动合同约定工资的80%，满足二者之一便可以；二是强制性限制，即不得低于用人单位所在地的最低工资标准。

六、试用期约定违法要承担法律后果

如果用人单位与劳动者关于试用期的约定违法，那么用人单位要承担相应的法律后果。《中华人民共和国劳动合同法》第八十三条规定："用人单位违反本法规定与劳动者约定试用期的，由劳动行政部门责令改正；违法约定的试用期已经履行的，由用人单位以劳动者试用期满月工资为标准，按已经履行的超过法定试用期的期间向劳动者支付赔偿金。"

试用期内可否解除劳动合同呢？用人单位要明确一点：试用期的员工不能随便辞退。《中华人民共和国劳动合同法》规定员工在试用期内提前3天通知单位可以解除劳动合同。很多用人单位错误地认为企业提前3天也可以解除劳动合同，这是错误的。用人单位试用期辞退员工也要严格按照法律的规定，否则要承担后果。试用期员工不符合录用条件，此种情况下解除劳动合同，单位无须支付任何经济补偿金；过失性辞退，此种情况下解除劳动合同，单位无须支付任何经济补偿金；员工患病或者非因工负伤医疗期满不能从事原工作也不能从事另行安排工作的，此种情况下解除劳动合同，要支付解除劳动合同经济补偿金或者代通知金；员工不能胜任工作，经培训或者调整工作仍不能胜任的，此种情况下解除劳动合同，理论上要支付解除劳动合同经济补偿金或者代通知金，因为此种情况下，单位操作上往往也可以不符合录用条件解除劳动合同；其他"合法"情形：客观情况发生变化，经济性裁员，对于不在试用期的员工，用人单位可以依据上述情形解除劳动合同，但是法律没有明确试用期的员工是否适用。

第二节　固定期限劳动合同的制定及签订

根据法律规定，劳动合同分为固定期限劳动合同、无固定期限劳动合同和以完成一定工作任务为期限的劳动合同。合同双方当事人协商一致就可以签订固定期限劳动合同。固定期限劳动合同，是指用人单位与劳动者约定合同终止时间的劳动合同。用人单位与劳动者协商一致，可以签订固定期限劳动合同。

固定期限劳动合同，具体是指劳动合同双方当事人在劳动合同中明确规定了合同效力的起始和终止的时间。劳动合同期限届满，劳动关系即告终止，如果双方协商一致，还可以续订劳动合同。固定期限的劳动合同可以是半年、一年、二年，也可以是较长时间的，如五年、十年，甚至更长时间。不管时间长短，劳动合同的起始和终止日期都是固定的。具体期限由当事人双方根据工作需要和实际情况确定。

因签订固定期限劳动合同的用人单位违反《中华人民共和国劳动法》规定不与劳动者订立固定期限劳动合同的，自应当订立固定期限劳动合同之日起向劳动者每月支付两倍的工资。

《中华人民共和国劳动合同法》第八十五条规定，用人单位有下列情形之一的，由劳动行政部门责令限期支付劳动报酬、加班费或者经济补偿；劳动报酬低于当地最低工资标准的，应当支付其差额部分；逾期不支付的，责令用人单位按应付金额百分之五十以上百分之一百以下的标准向劳动者加付赔偿金：未按照劳动合同的约定或者国家规定及时足额支付劳动者劳动报酬的；低于当地最低工资标准支付劳动者工资的；安排加班不支付加班费的；解除或者终止劳动合同，未依照本法规定向劳动者支付经济补偿的。用人单位违反规定解除或者终止劳动合同的，应当依照《中华人民共和国劳动合同法》第四十七条规定的经济补偿标准的两倍向劳动者支付赔偿金。

《中华人民共和国劳动合同法》第八十八条规定，用人单位有下列情形之一的，依法给予行政处罚；构成犯罪的，依法追究刑事责任；给劳动者造成损害的，应当承担赔偿责任：以暴力、威胁或者非法限制人身自由的手段强迫劳动的；违章指挥或者强令冒险作业危及劳动者人身安全的；侮辱、体罚、殴打、非法搜查或者拘禁劳动者的；劳动条件恶劣、环境污染严重，给劳动者身心健康造成严重损害的。

《中华人民共和国劳动合同法》第八十九条还规定，用人单位违反本法规定未向劳动者出具解除或者终止劳动合同的书面证明，就解雇劳动者的，由劳动行政部门责令改正；给劳动者造成损害的，应当承担赔偿责任。同时，劳动者违反本法规定解除劳动合同，或者违反劳动合同中约定的保密义务或者竞业限制，给用人单位造成损失的，应当承担赔偿责任。而且《中华人民共和国劳动合同法》第九十一条规定，用人单位招用与其他用人单位尚未解除或者终止劳动合同的劳动者，给其他用人单位造成损失的，应当承担连带赔偿责任。

《中华人民共和国劳动合同法》第九十三条还规定，对不具备合法经营资格的用人单位的违法犯罪行为，依法追究法律责任；劳动者已经付出劳动的，该单位或者其出资人应当依照本法有关规定向劳动者支付劳动报酬、经济补偿、赔偿金；给劳动者造成损害的，应当承担赔偿责任。第九十四条规定，个人承包经营违反本法规定招用劳动者，给劳动者造成损害的，发包的组织与个人承包经营者承担连带赔偿责任。

第三节　无固定期限劳动合同的制定及签订

《中华人民共和国劳动合同法》第十四条规定，无固定期限劳动合同，是指用人单位与劳动者约定无确定终止时间的劳动合同。用人单位与劳动者协商一致的，可以订立无固定期限劳动合同。有下列情形之一，劳动者提出或者同意续订、订立劳动合同的，除劳动者提出订立固定期限劳动合同外，应当订立无固定期限劳动合同：

（1）劳动者在该用人单位连续工作满十年的；

（2）用人单位初次实行劳动合同制度或者国有企业改制重新订立劳动合同时，劳动者在该用人单位连续工作满十年且距法定退休年龄不足十年的；

（3）连续订立二次固定期限劳动合同，且劳动者没有本法第三十九条和第四十条第一项、第二项规定的情形，续订劳动合同的。

用人单位自用工之日起满一年不与劳动者订立书面劳动合同的，视为用人单位与劳动者已订立无固定期限劳动合同。

需要特别注意的是，无固定期限劳动合同不是"铁饭碗"，《中华人民共和国劳动合同法》关于无固定期限劳动合同和固定期限劳动合同的解除、终止条件是一致的。在20世纪90年代推行劳动合同制度前，我国主要实行的是固定工制度。当时，无固定期限劳动合同就是"铁饭碗""终身制"，企业很难解除劳动者，造成了劳动者"能进不能出"的局面，严重影响了企业的适应市场能力和自主经营能力。自1994年《中华人民共和国劳动法》颁布以来，劳动合同制度在全国各类企业中推行，克服了以往存在的企业活力不足的问题，取得了很好的效果，但同时劳动合同却走向了另一个极端，全社会无固定期限劳动合同的比例太低，劳动合同短期化问题严重，整个社会的劳动关系很不稳定，影响了劳动力的合理有序流动。很多国家都是无固定期限劳动合同，而固定期限劳动合同占劳动合同总量的极小比例。因此，《中华人民共和国劳动合同法》对无固定期限劳动合同进行了重新定位，以期在保持劳动力合理、有序流动的前提下，保持劳动关系的相对稳定。

无固定期限劳动合同"无确定终止时间"，是指劳动合同没有一个确切的终止时间，劳动合同的期限长短不能确定，但并不是没有终止时间。只要没有出现法定解除情形或者双方协商一致解除的，双方当事人就要继续履行劳动合同。一旦出现了法定情形或者双方协商一致解除的，无固定期限劳动合同同样能够解除。由此可见，无固定期限合同并不是没有终止时间的"铁饭碗"，只要符合法律规定的条件，劳动者与用人单位都可以依法解除劳动合同。

无固定期限的劳动合同对于劳动者、用人单位和国家而言，都有好处。对于劳动者而言，有利于稳定职业，钻研业务技术，不断提高职业技能。对于用人单位而言，有利于培养劳动者对企业的忠诚，维护其经济利益，减少因频繁更换劳动者带来的损失。对于国家而言，有利于形成较为稳定的劳动关系，逐步提高对劳动者权益的保护力度。

劳动合同除了社会性外，也具有一定的合同性。在劳动合同领域，只要不违反国家有关劳动合同的强制性规定，尊重劳动合同双方当事人真实的意愿，只要没有胁迫、欺诈、隐瞒事实等情形，符合法律的有关规定，用人单位与劳动者协商一致，可以订立无固定期限劳动合同。

在法律规定的情形出现时，劳动者提出或者同意续订、订立劳动合同的，除劳动者提出订立固定期限劳动合同外，还应当订立无固定期限劳动合同。用人单位提出续订、订立无固定期限劳动合同，劳动者同意的，应当订立无固定期限劳动合同；用人单位提出续订、订立劳动合同，劳动者同意的，即使是用人单位提出续订、订立的是固定期限劳动合同的，也应当订立无固定期限劳动合同。

在实践中，用人单位在绝大多数情形下都处于强势地位，劳动合同双方当事人地位不平等，为防止出现劳动者为保住工作，不敢提出订立无固定期限劳动合同的要求，因此，《中华人民共和国劳动合同法》实际上将订立无固定期限劳动合同的主动权都交给了劳动者，有利于保护劳动者的合法权益。

第四节　以完成一定工作任务为限期的劳动合同的制定及签订

在某些情况下，与劳动者签订"以完成一定工作任务为期限的劳动合同"更有利于用人单位合理使用劳动力，但现行法律法规对该类劳动合同的规定不多且实务操作中使用较少，导致部分人事管理人员对该类劳动合同有一些误解，为此，对"以完成一定工作任务为期限的劳动合同"的实务要点进行了如下解读，以备用人单位参考。

一、什么是以完成一定工作任务为期限的劳动合同？

《中华人民共和国劳动合同法》第十二条："劳动合同分为固定期限劳动合同、无固定期限劳动合同和以完成一定工作任务为期限的劳动合同。"第十五条:"以完成一定工作任务为期限的劳动合同,是指用人单位与劳动者约定以某项工作的完成为合同期限的劳动合同。用人单位与劳动者协商一致,可以订立以完成一定工作任务为期限的劳动合同。"

以完成一定工作任务为期限的劳动合同,核心在于将完成一定工作任务作为合同终止期限。一般是项目开工之日为劳动合同期限开始之日,项目完工之日为劳动合同期限期满之日。

这类劳动合同应当是唯一可以约定终止条件的劳动合同。《中华人民共和国劳动合同法实施条例》第十三条明确规定:"用人单位与劳动者不得在劳动合同法第四十四条规定的劳动合同终止情形之外约定其他的劳动合同终止条件。"原来相关法律规定的可以约定劳动合同终止条件的规定被新法取代,双方不得约定终止条件,但可以约定在完成一定工作任务后终止,因为这不是"终止条件",而是约定的"合同期满"。

以完成一定工作任务为期限,这一期限并非已知的固定时间点,而是以可能的完工之日为终止时间点。这其实有些类似于劳动者依法享受基本养老保险待遇或者达到法定退休年龄之时劳动合同终止。

二、以完成一定工作任务为期限的劳动合同的适用范围

《中华人民共和国劳动合同法》第十五条规定,以完成一定工作任务为期限的劳动合同,是指用人单位与劳动者约定以某项工作的完成为合同期限的劳动合同。同时,该法第十九条规定,以完成一定工作任务为期限的劳动合同或者劳动合同期限不满三个月的,不得约定试用期。

有关法律法规,虽没有明确规定该类劳动合同的适用范围,但实务中主要是三类情形:(1)以完成单项工作任务为期限的劳动合同;(2)因季节原因临时用工的劳动合同;(3)其他双方约定的以完成一定工作任务为期限的劳动合同。

除以上情形外,最好不要任意使用该类劳动合同。同时,针对任务完成标志,一定要设定客观明确的标准。

三、与固定期限劳动合同的不同

以完成一定工作任务为期限的劳动合同,与固定期限劳动合同,尽管两者的期限都是固定的,因为前者的期限是完成工作任务,后者的期限是固定日期,最终都归结到确定的期限,但两者存在以下不同。

（一）终止期限的精准性

固定期限劳动合同的终止日期非常精准,一般是具体到某日;以完成一定工作任务为期限的劳动合同,其终止日期只能是在大致时间段,即该项工作或工程大致会在某个时间段完成,但一般不能精准到某日,弹性较大,这也是以完成一定工作任务为期限的劳动合同能够存在的基础。

（二）能否约定试用期

固定期限劳动合同可以约定试用期,试用期的长短必须和合同期限相对应;以完成一定工作任务为期限的劳动合同则不得约定试用期。

（三）终止后是否支付经济补偿

固定期限劳动合同期满终止后,是否支付经济补偿应看不再续订劳动合同的原因,如果是用人单位原因不再续订的,用人单位应当支付经济补偿;以完成一定工作任务为期限的劳动合同终止后,均应当支付经济补偿。而且后者支付经济补偿应是在《中华人民共和国劳动合同法实施条例》第二十二条中专门、单独规定的,也就是说,如果按照《中华人民共和国劳动合同法》第四十六条规定严格理解,即前者终止劳动合同情形仅限于固定期限劳动合同,自然不包括以完成一定工作任务为期限的劳动合同。

（四）是否影响订立无固定期限劳动合同存在不同

按照《中华人民共和国劳动合同法》第十四条的规定,如果"连续订立二次固定期限劳动合同,且劳动者没有本法第三十九条和第四十条第一项、第二项规定的情形,续订劳动合同的","用人单位应当订立无固定期限劳动合同";以完成一定工作任务为期限的劳动合同不是固定期限劳动合同,也不存在续订问题,因此不适用该条,用人单位没有订立无固定期限劳动合同的顾虑。

四、以完成一定工作任务为期限的劳动合同与无固定期限劳动合同

《中华人民共和国劳动合同法》规定，订立无固定期限劳动合同的情形之一是"连续订立二次固定期限劳动合同"，因此，签订二次以上"以完成一定工作任务为期限的劳动合同"不构成签订无固定期限劳动合同的前提。但"恶意"将固定期限劳动合同分解为数个以完成一定任务为期限的劳动合同的，可能被认定为以合法形式掩盖非法目的，同样会导致无固定期限合同的适用。

在以完成一定工作任务为期限的用工形式下，用人单位也应当与劳动者订立书面劳动合同，否则超过一年也视为用人单位与劳动者已订立无固定期限劳动合同。

五、以完成一定工作任务为期限的劳动合同履行中会出现的问题

（一）劳动者加班费问题

以完成一定工作任务为期限的劳动合同，本质上仍然为劳动合同，并不是承揽合同，用人单位支付劳动报酬仍然以月为周期，与其他劳动合同只是终止期限不同而已。劳动者仍然享有休息休假权，如果存在加班情况，用人单位仍然应当依法支付加班费。

（二）保障劳动者社会保险权益

以完成一定工作任务为期限的劳动合同本质上仍然为劳动合同，双方仍然属于劳动关系，劳动者享有法定社会保险权利。因此，劳动者和用人单位仍然应当依法缴纳社会保险费，劳动者依法享有社会保险权益。

（三）解除合同补偿金问题

《中华人民共和国劳动合同法》第四十六条第五项明确规定劳动合同期满终止需支付经济补偿仅适用于固定期限劳动合同，但《中华人民共和国劳动合同法实施条例》第二十二条对此作出了补充规定：以完成一定工作任务为期限的劳动合同因任务完成而终止的，用人单位应当依照劳动合同法第四十七条的规定向劳动者支付经济补偿。

（四）提前通知义务

从目前国家层面来讲，法律、行政法规并未要求用人单位提前通知劳动者续签或终止劳动合同，且以完成一定工作任务为期限劳动合同的终止时间在客观上也存在许多不确定的因素。因此，对该类劳动合同用人单位不应承担提前通知的义务。

第五节　劳务派遣合同的签订及风险防范

我们通常所说的劳务派遣的合同，更多时候是指用人单位与用工单位就劳务派遣事项进行约定的一种合同。劳务派遣合同签得好，能够减少风险和责任，降低成本费用。那么，什么是劳务派遣？劳务派遣有什么优缺点？签订劳务派遣应该注意些什么问题？如何订立劳务派遣劳动合同才能防范风险等，本节针对这些问题一一进行解读。

一、什么是劳务派遣

由于劳务派遣用工灵活，用工费用较低，对一些用人单位而言，这种用工方式更有吸引力。因此有些用工单位规避劳动合同法，不与员工直接签订劳动合同，让员工与劳务派遣单位签合同。然后由劳务派遣单位再把员工派到本单位工作，这样本单位就可以不给员工缴纳五险一金了。那么，劳动者如何与派遣单位签订合同，如何保护自己的合法权益，如何进行风险防范呢？

劳务派遣，是指劳务派遣单位根据用工单位的要求为其选拔、派遣劳动者，由劳动派遣单位与被派遣劳动者建立劳动关系，负责其工资支付、办理社会保险等日常管理性事务，而用工单位，也就是实际的使用劳动者，只需向派遣单位支付服务费用。

在劳务派遣法律关系中涉及三方主体，即劳务派遣单位、用工单位和被派遣劳动者。劳务派遣的本质特征在于劳动力的雇用与使用相分离。在劳务派遣关系中，派遣机构劳务公司作为派遣劳动者的雇主，是劳动合同的相对人，但却不是派遣劳动者实际给付劳动的对象；相反，给付劳动的对象是劳动合同以外的第三人——实际用工单位，并且派遣劳动者要服从实际用工单位的管理监督，进行劳动。

因此，劳务派遣合同，实际上是一组合同，一个是劳务派遣单位与被派遣劳动者之间的劳动合同，另一个是劳务派遣单位与用工单位之间的劳动派遣协议。

近几年，劳务派遣作为一种新型的劳动用工方式在我国发展极快。对于这样一种新事物，人们褒贬不一。在劳动合同法的制定过程中，对于是否应规定劳务派遣一直持有争议。肯定观点认为，劳务派遣是劳动力市场发展的必然结果，有利于满足用人单位的特殊用工需求，并且有利于促进就业。否定观点则认为，劳务派遣不利于保护劳动者权益，极易成为用人单位规避劳动法义务的合法外衣。肯定观点占据主流，劳动合同法最终确立了劳务派遣制度。

二、劳务派遣的优点

劳务派遣之所以受到许多用人单位的青睐，是因为其具有很多传统用工方式无可比拟的优点。

（一）用人机制更加灵活

由于派遣员工与用人单位之间只是一种简单的有偿使用关系，用人单位对派遣员工可以"只用不管"，从而彻底解除了员工对用人单位的依附关系，从根本上解决了"员工能进不能出""能上不能下""干好干坏一个样"的人事管理痼疾。

（二）内部竞争更加激烈

用人单位采用正式、代理、派遣几种不同层次的组合用工形式，并根据员工表现使其在不同层次上合理流动，不仅可以使较低层次员工的竞争更激烈，员工积极性更高，而且可以使较高层次员工的危机感更强。

（三）人力资源成本更低

使用派遣员工有以下优势：一是可通过人力外包，简化职能部门，提高综合管理效益；二是可减少招聘费用，降低招聘产生的人事和机会成本；三是可通过市场化定价，降低派遣员工的薪酬支出。

（四）事务工作压力更小

派遣员工的招聘选拔、档案接转、社保缴纳、职称申报评定、计划生育管理、劳动关系建立与解除、劳动纠纷处理等均由派遣机构负责，不仅节约了成本，使管理更加专业、规范，而且彻底解放了人力资源部，使其更加专注于对核心人才的管理和服务。

（五）合理规避劳动纠纷

派遣员工由派遣机构实施专业化管理，一方面可大大减少劳动纠纷；另一方面，一旦出现劳动纠纷，一般由与派遣员工建立劳动关系的派遣机构处理，用人单位只需予以协助，这在很大程度上避免了用人单位处理劳动纠纷的麻烦。

三、劳务派遣的弊端

劳务派遣业的快速发展在一定程度上有利于解决我国的就业难问题，但劳务派遣也存在明显的弊端。

劳务派遣形成了"有关系无劳动，有劳动无关系"的特殊局面，由此引发很多问题，很容易被用人单位利用成为规避劳动合同法义务的工具，从而损害劳动者的利益。

四、劳务派遣主要存在的问题

（一）就业不稳定

通过劳务派遣方式实现就业其稳定性差，因为很多用人单位为了降低劳动成本，试图在很多岗位上用派遣临时工代替常规雇员。这种做法导致了就业的不稳定。而且，用人单位经常在合同期未满前就与派遣单位终止工人派遣合同。结果，派遣单位不得不解雇临时工。

（二）派遣劳动者与正式劳动者待遇不公平

受派劳动者往往从事的是替代性的工作，受派单位给予派遣劳动者的劳动条件一般比正职劳动者的条件差，受派公司的一些福利往往也享受不到。

（三）雇主责任不明，劳动者权益缺乏保护

劳动法以及其相关法规都是以用人单位与劳动者订立劳动合同且由用人单位本身指挥监督劳动者为基础所构成的劳动关系。劳务派遣造成了雇佣劳动与使用劳动相分离，派遣劳动者在劳动过程中发生事故与纠纷往往没有明确的法律加以规范，当事方也约定不清，有可能产生无人负责的状态，无法保障派遣员工的合法权益。

五、在劳务派遣用工中，企业最容易出现的法律风险

（1）用工单位仅与派遣单位签订了劳务派遣协议，没有其他证据证明劳动者知晓被派遣的事实，用工单位被认定与劳动者存在事实劳动关系。

（2）用工单位对劳务派遣工无故调岗，员工没有到新岗位上岗但是仍然到公司正常上班，用工单位需要根据劳务派遣工的出勤情况正常支付工资，劳务派遣单位需要承担连带责任。

（3）在《劳务派遣协议》中未明确约定发生工伤事故后的责任承担问题，用工单位存在就工伤赔偿承担连带责任的风险。

（4）劳务派遣员工因履行职务行为给他人造成损失的，用工单位即使没有过错，也要承担全部赔偿责任。

（5）用工单位在没有明确的证据证明派遣员工存在严重违纪行为事实的情况下，将其退回派遣单位后，派遣单位与派遣员工解除劳动关系。就违法解除行为，存在用工单位与派遣单位承担连带赔偿责任的风险。

（6）用工单位没有要求劳务派遣单位提供为派遣员工缴纳社会保险的证明，如劳务派遣单位未按法定约定缴纳社会保险，派遣员工被动离职时，用工单位就经济补偿金承担连带赔偿责任的风险。

六、企业劳务派遣用工风险防范的建议

（1）用工单位与派遣单位签订《劳务派遣协议》，对派遣岗位、工资支付主体、社保缴纳主体、工伤赔偿责任等内容进行明确约定，避免因约定不明导致用工单位就以上问题承担连带赔偿责任。

（2）如果约定由派遣单位代发工资，针对工资结构、数额等与派遣单位和派遣员工进行确认，避免因派遣公司不发、少发工资而要求用工单位承担连带责任的风险。

（3）建议用工单位保留派遣员工与派遣单位之间签订的劳动合同复印件，并要求派遣员工签订派驻人员身份确认单。

（4）在《劳务派遣协议》中约定，派遣单位每月给派遣员工缴纳社保的相关凭证需每月提交给用工单位，以证明派遣单位履行了相关的义务。

（5）在规章制度中明确派遣员工的加班认定方式及加班费计算标准、明确年终奖的支付标准，并让派遣员工签字确认。

（6）用工单位对派遣员工进行调岗的，要能够充分举证证明该行为的合理性和必要性。

（7）派遣员工如果存在严重违反用工单位规章制度的情形，用工单位应积极搜集证据。将派遣员工退回派遣单位前，应先通知派遣单位，并及时对违纪的派遣员工进行处理。在《劳务派遣协议》中要明确约定用工单位将派遣员工退回的情形、条件和退回的方式，并明确约定与劳务派遣员工解除劳动合同时，经济补偿金、赔偿金的承担主体。

七、如何订立劳务派遣劳动合同才能防范风险

劳动者在与劳务派遣单位签订劳务派遣合同时应当审查劳务派遣单位的资质，并且要注意以下几个问题，以防范风险。

（一）区别劳务派遣与职业介绍

劳动者在同派遣单位签订合同时，必须明确双方所建立关系的性质是劳动关系。劳动者与派遣单位签订合同的首要意义在于，明确双方建立的是劳动关系，而不是其他关系，因此劳务派遣单位必须向劳动者履行各种劳动法上的义务。劳务派遣关系与其他一些法律关系尤其是一些民事法律关系具有相似性，很容易混淆，特别是居间合同。职业介绍机构为劳动者提供就业信息，促成其工作，并收取中介服务费，职业中介在实践中大量存在。

职业中介与劳动派遣表面看起来有一定的相似性，但本质上是不同的。

职业中介只是为找工作的劳动者和用人单位之间搭起一座桥梁，提供就业居间服务，促成劳动者与用人单位之间建立劳动关系，而职业介绍机构本身与接受就业居间服务的劳动者之间并不建立劳动关系，而只是居间民事关系，这是一种短暂的不稳定的关系，职业介绍机构不需要为劳动者支付劳动报酬，更不需要为其办理社会保险。而在劳动派遣中，派遣单位与被派遣劳动者之间签订的是劳动合同，建立的是劳动法律关系，因此派遣单位应当向被派遣劳动者履行劳动法上的各种义务，包括支付工资、办理社会保险等。显然劳动关系对保障劳动者的权益更加有利。因此，劳动者在同派遣单位签订合同时，在条款中必须明确双方建立的是劳动关系，而不是简单的民事关系。劳动者要防止劳务派遣单位在合同条款的措辞上含混不清，为以后推卸责任留下借口。

（二）在劳动合同中明确用工单位、工作岗位和派遣期限

劳动者在与派遣单位签订的劳动合同中应当明确用工单位、工作岗位和派遣期限等具体问题。由于在劳务派遣中，劳务派遣单位并不直接使用劳动者，而是将劳动者派往其他单位，尤其是一些条件差的单位，劳动者在就业时应当明白将来自己的实际工作单位在哪里，工作环境和待遇怎么样，如果发现用工单位的情况不符合自己的要求，可以拒绝与派遣单位签订劳动合同。

（三）约定合理的合同期限，明确无工作期间的待遇

基于劳动合同期限对于就业稳定的重要意义。被派遣劳动者对此应给以充分重视。劳动者应根据自己的需要，同派遣单位约定一个合理的合同有效期。在实践中派遣单位往往更愿意同被派遣劳动者签订短期合同，劳动者发现合同期限短于劳动合同法规定的两年的，可以要求派遣单位延长合同期限。

在劳务派遣中，用工单位用工完毕后就将劳动者退回派遣单位，劳动者可能经常处于没有实际工作的状态，这对其非常不利，没有工作必然影响收入。为此，劳动者应当与派遣单位约定这段时间的工资待遇问题，根据劳动

合同法规定，派遣单位在被派遣劳动者无工作期间应向其支付不低于所在地区的最低工资标准，以免发生争议。

八、劳务派遣单位在签订劳动合同时也应注意以下问题

应当审查劳动者是否具有受雇的能力，比如是否达到就业年龄，是否有尚未了结的劳动关系，等等。派遣单位要特别防范的风险是劳动者技能的瑕疵，应保障员工队伍的高素质。劳务派遣机构要实现良好的发展，必须保证向用工单位提供高水平的劳动者，有些劳动者在找工作时为了获得一份职业可能会不择手段，甚至编造虚假事实来夸大自己的劳动能力，比如伪造出国经历等，这就要求派遣机构在录用员工时小心谨慎，认真地审查核实。

第六节　非全日制劳动用工的合同制定及风险

非全日制用工是相对于全日制用工的一类特殊用工形式。与全日制用工相比，形成相对宽松的劳动关系。全日制用工的合同主要包括合同期限、工作内容、劳动保护和劳动条件、劳动报酬、劳动纪律、劳动合同终止的条件及违反劳动合同的责任等条款内容，具体条款内容如下：

（1）劳动合同期限。劳动合同期限分为固定期限、无固定期限和以完成一定的工作为期限三种。具体采取哪一种类型主要由双方当事人商定。

（2）工作内容。即劳动者在劳动合同有效期内所从事的工作岗位（工种），以及工作应达到的数量、质量指标或者应当完成的任务。

（3）劳动保护和劳动条件。即为了保障劳动者在劳动过程中的安全、卫生及其他劳动条件，单位根据国家有关法律、法规而采取的各项保护措施，如工作时间和休息休假制度，劳动安全卫生设施，对女职工、未成年人的劳动保护等。

（4）劳动报酬。即劳动者劳动的成果返还和履行劳动义务后必须享受的劳动权利，包括工资、奖金、津贴等。劳动合同中规定的劳动报酬必须符合

国家法律、法规和政策的规定。

（5）劳动纪律。即劳动者在劳动过程中必须遵守的工作秩序和规则。

（6）劳动合同终止的条件。即除了期限以外其他由当事人约定的特定法律事实，这些事实一旦出现，双方当事人间的权利义务关系即可终止。

（7）违反劳动合同的责任。即当事人不履行劳动合同或者不完全履行劳动合同，所应承担的相应法律责任。

非全日制用工劳动合同应包含以下信息：

（1）非全日制劳动合同是以小时为单位建立劳动关系；而普通的劳动关系是以日、月、年为单位建立劳动合同的。与此相对应的是，非全日制劳动合同的计酬单位也是小时。

（2）劳动者可以与两个以上用人单位建立劳动关系。《中华人民共和国劳动法》规定，劳动者只能与一个用人单位建立正式的劳动关系。如果劳动者在正式的工作之外还为其他用人单位服务，则只能算作兼职，而不能视为正式劳动关系，不能缴纳社会保险费。而非全日制劳动关系不是标准的劳动关系，因而不受这一规定的约束。但是我国《中华人民共和国劳动合同法》第六十九条规定，后订立的劳动合同不得影响先订立的劳动合同的履行。

（3）非全日制用工双方当事人可以订立口头协议。

（4）非全日制用工双方当事人不得约定试用期。

（5）非全日制用工双方当事人任何一方都可以随时通知对方终止用工。终止用工，用人单位不向劳动者支付经济补偿。

（6）非全日制用工小时计酬标准不得低于用人单位所在地人民政府规定的最低小时工资标准。

（7）非全日制用工劳动报酬结算支付周期最长不得超过十五日。

非全日制指劳动者在同一用人单位一般平均每日工作时间不超过四小时，每周工作时间累计不超过二十四小时的用工形式。

非全日制用工是随着市场经济的就业形式多样化而发展起来的用工形

式。与全日制用工相比，非全日制用工更为便捷、灵活，既有利于用人单位灵活用工，也有利于创造更多的就业机会，促进劳动者就业。对于企业签订非全日制用工合同时应注意哪些事项呢？

一、合同形式

劳动合同形式不拘于书面性，为了更好地保持非全日制用工形式的灵活性以促进就业，《中华人民共和国劳动合同法》第六十九条，允许达成口头劳动合同。

二、工资形式和标准

按照《中华人民共和国劳动合同法》第六十八条的规定，工资分配所采取的最基本的两种方式是计时工资和计件工资。按照《劳动保障部关于非全日制用工若干问题的意见》规定，非全日制用工小时计酬标准不得低于用人单位所在地人民政府规定的最低小时工资标准。

三、试用期规定

非全日制用工劳动合同由于工作时间短，合同期限也相对短，所以《中华人民共和国劳动合同法》第七十条规定，非全日制用工不得约定试用期。

四、工作时间的要求

非全日制用工有严格的工作时间的要求，非全日制用工的优势是可以订立口头协议，可以不约定试用期，可以随时终止用工且不用支付任何经济补偿。有些用人单位看到上述优势，为了规避全日制用工的风险，采用非全日制用工协议或者临时用工协议。但是非全日制用工要求一般每日工作时间不超过四小时，每周工作时间累计不超过二十四小时。如果员工工作时间不符合该要求，基本会被劳动仲裁和法院认定为全日制用工，用人单位达不到规避全日制用工风险的目的，如果仅仅订立口头协议还有被要求支付双倍工资及认定无固定期限劳动合同的风险。

五、合同双方的关系

劳务合同是平等主体之间的民事权利义务关系，劳动合同中劳动者和用人单位有隶属关系。因此很多企业表面签订的是劳务合同，但是劳动仲裁和法院会审查是否符合劳动用工的特征，如果符合劳动用工的特征，还是会被认定双方存在劳动合同，如果确实属于劳务关系，在签订劳务协议时应当平等协商，协议里面不要存在劳动隶属关系的内容，以避免被认定为劳动关系。

第四章
劳动报酬的规章制度和风险防范

第一节 我国劳动立法框架下的工资构成

劳动报酬是劳动者支付体力劳动或脑力劳动的报酬,反映了劳动者创造的社会价值。劳动部《关于〈劳动法〉若干问题的意见》第五十三条规定:《中华人民共和国劳动法》中的工资是指用人单位根据国家有关规定或劳动合同以货币形式直接支付给其职工的劳动报酬,是劳动者劳动收入的主要组成部分。

一、工资的定义

工资是指用人单位依据国家有关规定或劳动合同的约定以货币形式直接支付给劳动者的劳动报酬。

根据《关于工资总额组成的规定》第四条的规定,工资的主要形式有计时工资、计件工资、奖金、津贴和补贴、加班加点工资和特殊情况下支付的工资。工资是计算保险金和补偿金所依据的标准。

二、工资的特征

在我国劳动立法框架下工资的特征有以下几点:

第一,工资是劳动者基于与用人单位的劳动关系取得的劳动报酬;

第二,工资是按照国家法律法规的规定和劳动合同的约定由用人单位向用人单位的劳动者支付的;

第三,工资是用人单位支付给劳动者的货币报酬,不包括实物报酬;

第四,支付工资是用人单位的法定义务,劳动者取得工资就必须履行劳动合同约定的劳动义务。

三、我国企业现行几种工资制度

①工资指导线制度;

②工资集体协商制度;

③劳动力市场工资指导价位制度；

④人工成本预测预警制度；

⑤企业经营者年薪制。

国家设立最低工资保障制度，是为了依法维护广大企业职工的合法权益不受侵犯。但是，最低工资标准在执行过程中拿不到当地最低工资标准的职工依然存在。

四、工资的结构

工资结构包括基础工资、岗位工资、技能工资、效益工资以及浮动工资，还有年功工资等部分。不同的企业设立的工资结构又有所不同，具体要以实际情况为准。

（一）工资结构的概念

工资结构又可以称为分解工资制度以及组合工资制，这种工资制度是在企业内部工资改革过程中新建立的一种制度，指的是基础工资的不同功能划分为若干相对独立的工资单元，各个单元又有不同的结构系数，从而组成有质的区分和量的比例关系的工资结构。

（二）工资结构不同的性质分类

（1）高弹性类：这一类的工资绩效和奖金占的比重是比较大的，并且是以绩效为主要导向的一种工资结构。

（2）高稳定性：这一种结构是工资的比重比较大，奖金是根据经营情况，按照基本的比例进行发放的。

（3）折中类：这是一种以能力为导向的工资结构和以岗位为导向的工资结构相组合而成的一种工资结构。

每一个企业设置的工资结构的种类都是不同的，具体要根据公司的运营情况以及工资发放的情况来制定，只要是适合自己的公司发展的，才是最为合理的。具体来说，一个合理的组合工资结构应该是既有固定工资部分，如基本工资、岗位工资、技能或能力工资、工龄工资等，又有浮动工资部分，如效益工资、业绩工资、奖金等。

（一）基础工资

基础工资即保障职工基本生活需要的工资。设置这一工资单元的目的是保证维持劳动力的简单再生产。基础工资主要采取按绝对额或系数两种办法确定和发放。绝对额办法，主要是考虑职工基本生活费用及占总工资水平中的比重，统一规定同一数额的基础工资；系数办法，主要是考虑职工现行工资关系和占总工资水平中的比重，按大体统一的参考工资标准规定的职工本人标准工资的一定百分比确定基础工资。

（二）岗位（职务）工资或技能工资

岗位（职务）工资或技能工资是根据岗位（职务）的技术、业务要求、劳动繁重程度、劳动条件、所负责任大小等因素来确定的。它是结构工资制的主要组成部分，发挥着激励职工努力提高技术、业务水平，尽力尽责完成本人所在岗位（职务）工作的作用。岗位（职务）工资有两种具体形式：一种是采取岗位（职务）等级工资的形式，岗（职）内分级，一岗（职）几薪，各岗位（职务）工资上下交叉；另一种是采取一岗（一职）一薪的形式。岗位（职务）工资标准一般按行政管理人员、专业技术人员、技术工人、非技术工人分别列表。

（三）效益工资

效益工资是根据企业的经济效益和职工实际完成的劳动的数量和质量支付给职工的工资。效益工资发挥着激励职工努力实干，多做贡献的作用。效益工资没有固定的工资标准，一般采取奖金或计件工资的形式，全额浮动，对职工个人上不封顶、下不保底。

（四）浮动工资

浮动工资是劳动者劳动报酬随着企业经营的好坏及劳动者劳动贡献的大小而上下浮动的一种工资形式。浮动工资一般形式多样，有利于调动职工群众的积极性，促使职工群众关心集体事业。

（五）年功工资

年功工资是根据职工参加工作的年限，按照一定标准支付给职工的工资。它是用来体现企业职工逐年积累的劳动贡献的一种工资形式。它有助于鼓励职工长期在本企业工作并多做贡献,又可以适当调节新老职工的工资关系。年功工资采取绝对额或按系数两类形式发放的办法。绝对额又可分为按同一绝对额或分年限按不同绝对额的办法发放。按系数又可分为按同一系数或不同系数增长的办法发放。一般增加年功工资,主要取决于职工工龄的增长,同时还应取决于职工的实际劳动贡献大小和企业经济效益好差。只有这样,才能更好地发挥这一工资单元的作用。

(六)最低工资

关于最低工资标准,在2004年3月1日开始施行的《最低工资规定》第三条,是这么定义和解释的:

本规定所称最低工资标准,是指劳动者在法定工作时间或依法签订的劳动合同约定的工作时间内提供了正常劳动的前提下,用人单位依法应支付的最低劳动报酬。

本规定所称正常劳动,是指劳动者按依法签订的劳动合同约定,在法定工作时间或劳动合同约定的工作时间内从事的劳动。劳动者依法享受带薪年休假、探亲假、婚丧假、生育(产)假、节育手术假等国家规定的假期,以及法定工作时间内依法参加社会活动期间,视为提供了正常劳动。

需要补充说明的是:第一,最低工资标准,各个地方都是不同的,一般是以直辖市和各个省份的划分来进行区分的,比如北京市最低工资标准、陕西省最低工资标准等,有一点比较特殊,就是广东省有一个最低工资标准,但深圳有自己单独的最低工资标准;第二,最低工资标准包括月薪和时薪两种。月薪一般针对全职员工,而时薪主要针对一些按小时计算工作时长的小时工、兼职员工和实习生等。

最低工资制度是我国的一项重要社会保障制度,对维护劳动者的最基本权益,规范用人单位工资支付行为,逐步提高劳动者的工资收入水平具有重要作用。它是国家层面以法律形式干预工资分配并保障低收入劳动者基本生活的制度,也是政府调节经济活动、保障劳动者权益、促进社会公平的重要手段和工具。最低工资制定反映了监管机构对劳动者权益的保护。

《中华人民共和国劳动法》第四十八条规定："国家实行最低工资保障制度。最低工资的具体标准由省、自治区、直辖市人民政府规定，报国务院备案。用人单位支付劳动者工资不得低于当地最低工资标准。"

根据《最低工资规定》及有关规定，用人单位支付给劳动者的最低工资不包括下列各项：延长工作时间加班加点工资；中班、夜班、高温、低温、井下、有毒、有害等特殊工作环境、条件下的津贴；用人单位通过贴补伙食、住房等支付给劳动者的非货币性收入；用人单位依法为劳动者缴纳的各项社会保险和住房公积金；用人单位按照国家规定为劳动者提供的福利待遇。

《中华人民共和国劳动法》第四十九条规定："确定和调整最低工资标准应当综合参考下列因素：劳动者本人及平均赡养人口的最低生活费用；社会平均工资水平；劳动生产率；就业状况；地区之间经济发展水平的差异。"

现实职场中，还有以下几种特殊情况需要特别注意：第一个就是试用期工资。根据劳动合同法的相关规定，试用期的薪资最低是可以设置为转正工资后的80%的，可能一些转正工资就是最低工资标准，或者只比最低工资标准高一点的岗位，试用期工资打八折后，就低于当地最低工资水平了。这种情况也是不允许的，即便试用期员工，也不能低于最低工资标准。第二个是实习期员工。很多公司跟尚未毕业的学生，签订的都是实习协议，给实习生开出来的工资可能低于当地最低工资标准。这种情况下，因为实习期员工按月薪拿工资，但实际工作时间没按全职员工来，另外，实习期员工跟公司属于劳务关系而非劳动关系，不受最低工资标准的相关约束。

第二节 基本工资的确定与可能存在的争议

一、什么是基本工资

劳动者基本工资,也称标准工资,根据劳动合同约定或国家及企业规章制度规定的工资标准计算的工资。一般基本工资是职工劳动报酬的主要部分。

基本工资,即劳动者所得工资额的基本组成部分,由用人单位按照规定的工资标准支付,较之工资额的其他组成部分具有相对稳定性。具体来说,在企业中,基本工资是根据员工所在职位、能力、价值核定的薪资,这是员工工作稳定性的基础,是员工安全感的保证。同一职位,可以根据其能力将工资分为不同等级。

二、什么是岗位工资和绩效工资

基本工资即保障职工基本生活需要的工资;岗位工资是根据岗位(职务)的技术、业务要求、劳动强度、劳动环境、所负责任大小等因素来确定的;绩效工资是根据企业的经济效益和职工实际完成的劳动的数量和质量支付给职工的工资。一般来说,基本工资和岗位工资是固定的,绩效工资是浮动的。

岗位工资:体现岗位责任、岗位技能、岗位强度、岗位环境等劳动差别的工资单元,是岗位绩效工资制的主体部分。

岗位工资标准 = 岗位工资基数 × 岗位系数

岗位工资基数依据企业支付能力和市场劳动力价格确定,适时调整。岗位系数通过岗位分析综合评价确定。

基本工资和基础工资不同,基础工资是依据地方物价水平及最低工资标准来确定的,主要体现工资的保障功能。

绩效工资则是根据企业的效益和职工的业绩而确定的工资单元。

三、基本工资制度

基本工资制度是关于如何确定基本工资的制度，即确定基本工资的规则的总和。其内容主要是对基本工资的构成、等级和标准以及劳动者应得基本工资等级的确定和升级所作的具体规定。基本工资制度的确立，有法定方式和非法定方式的区分。

现行基本工资制度具有多样性。企业和国家机关、事业单位分别实行不同的基本工资制度。比如，国家机关和实行财政拨款的事业单位实行职级工资制；工资制度改革前广泛实行的工资等级工资制度；工资随经济效益浮动的效益工资制形式；根据工作岗位确定的岗位工资制等等。企业可自主选择基本工资制度，国家规定的示范性企业基本工资制度是岗位技能工资制；国家机关必须对职员、工人分别实行职务级别工资制、岗位技术等级（职务）工资制或岗位工资制；全额拨款和差额拨款的事业单位必须实行等级工资加津贴制，自收自支的事业单位有条件的可实行企业基本工资制度。

其中岗位技能工资制、职务级别工资制等基本工资制度，都属于结构工资制，只不过各自结构不尽相同而已。

在各基本工资制度的结构中，都包含等级特点的组成部分，如岗位工资、技能工资、职务工资等都有相应的等级。

我国现阶段企业执行的基本工资制度主要有等级工资制、岗位工资制、结构工资制、岗位技能工资制等。

确定基本工资的主要条件是：社会和企业的经济水平，企业的劳动条件状况，生产、工作岗位劳动的繁重程度和复杂程度等。在同等的情况下，职工基本工资的多少，一般反映他们之间的工作能力、业务技术水平和担负职责的差异。基本工资的最低数额，应当保证职工本人及其平均赡养人口的基本生活需要。

四、劳动者的全额工资与基本工资

特别需要注意的是，劳动者的全额工资与基本工资的概念是用人单位与劳动者经常会遇到的两个概念。弄清这两个概念对于用人单位和劳动者都很重要。因为计发劳动者的待遇，时常会用到这两个概念。例如，在解除劳动合同计发经济补偿金时，需要用劳动者全额工资的概念，而终止劳动合同计发生活补助费和女职工"三期"内计发工资时，需要用劳动者基本工资的概念。如果不准确地理解这些概念，容易发生劳动争议，对劳动关系双方都不利。

根据国家统计局1990年1月1日颁发的《关于工资总额组成的规定》（1990年1月1日局令第1号）和《〈关于工资总额组成的规定〉若干具体范围的解释》，以及劳动部颁发的《工资支付暂行规定》（劳部发〔1994〕489号）和《对〈工资支付暂行规定〉有关问题的补充规定》（劳部发〔1995〕226号）的有关规定，劳动者的全额工资是指其每月所收入的基本工资（又称标准工资）与辅助工资（又称非标准工资）的总和，即实得工资。例如，工资总额组成中的计时工资、计件工资就是基本工资。即实行结构工资制的单位支付给职工的基础工资和职务（岗位）工资均属基本工资。劳动者的辅助工资是指基本工资以外的各种工资。例如奖金、津贴和补贴、加班工资、附加工资、保留工资等。

需要说明的一点是，工资总额一般是用人单位在从事统计、缴费等劳动工资工作中常用的一个概念。与劳动者的全额工资（或称实得工资）、基本工资等概念有一定联系，但不是一回事。在理解劳动者全额工资等概念时，常常也会联系到工资总额的概念。

五、特殊情况下的工资

特殊情况下的工资是指在劳动者并未提供正常劳动的情况下，用人单位依照法律规定或者劳动合同的约定必须向劳动者支付的工资。

"特殊情况"包括两大类：一类是法律法规明确规定的特殊情况；二是当事人在劳动合同中约定的特殊情况。

根据法律规定，下列情况下用人单位必须向劳动者支付工资。

（一）履行国家和社会义务期间

根据《工资支付暂行规定》第十条的规定，劳动者在法定工作时间内依法参加社会活动，应视为提供了正常劳动，用人单位必须向劳动者支付工资。例如，劳动者依法行使选举权和被选举权；各类当选的代表参加政府、党派、工会、共青团、妇联等组织召开的会议；依法出庭做证；出席劳动模范或先进工作者大会；不脱产工会基层委员会委员参加工会活动；参加单位安排或组织的各种文体活动或社会公益活动。

（二）法定休假期间

根据《工资支付暂行规定》第十一条的规定，劳动者在法定节日、带薪年休假、探亲假、婚丧假、产假、护理假等法定休假期间虽然并未提供正常劳动，用人单位也必须向劳动者支付正常劳动情况下的工资。特别需要指出的是，即使是实行计件工资，用人单位也应当按照劳动者在正常情况下完成的工作（生产）量或实行计时工资的标准向劳动者支付上述法定休假期间的工资。

劳动者请事假，一般不发给工资，但学徒工请事假，生活费照发。劳动者旷工停发工资，并按规定给予相应的处罚。婚、丧假工资、年休假工资、探亲假工资按劳动合同规定的标准支付。职工探望配偶和未（已）婚职工探望父母的往返路费由企业根据自己的实际情况制定相应管理办法确定，但职工在探亲假期间的工资按照本人的标准工资发放。

（三）停工期间

停工是指非因劳动者原因造成用人单位停止正常工作或生产。

根据《工资支付暂行规定》第十二条的规定，非因劳动者的原因造成单位停工、停产在一个工资支付周期内的，用人单位应按劳动合同规定的标准支付劳动者工资。超过一个工资支付周期的，若劳动者提供了正常劳动，则支付给劳动者的劳动报酬不得低于当地的最低工资标准；若劳动者没有提供正常劳动，应按国家有关规定办理。

（四）企业依法破产期间

根据《工资支付暂行规定》第十四条的规定，用人单位依法破产时，劳动者有权获得工资。在用人单位破产清偿时，首先支付欠付本单位劳动者的工资。

（五）工伤医疗期间

根据《工伤保险条例》第三十一条的规定，职工因工作遭受事故伤害或者患职业病需要暂停工作接受工伤医疗的，在停工留薪期内（一般不超过 12 个月，病情严重或情况特殊的经批准不超过 24 个月），原工资福利待遇不变，由所在单位按月支付。

（六）医疗期内

根据劳动部《企业职工患病或非因公负伤医疗期规定》和《关于贯彻〈企业职工患病或非因公负伤医疗期规定〉的通知》的规定，医疗期是指企业职工患病或非因公负伤停止工作治病休息不得解除劳动合同的期限。根据本人实际参加工作年限和在本单位工作年限，给予 3 个月到 24 个月的医疗期。患特殊疾病（如癌症、精神病、瘫痪等）的劳动者，在 24 个月内不能痊愈的，经企业和劳动行政部门批准，可以适当延长医疗期。

劳动部《关于贯彻执行〈中华人民共和国劳动法〉若干问题的意见》第五十九条规定：职工患病或非因公负伤，在规定的医疗期内，由企业按有关规定支付其病假工资或疾病救济费，病假工资或疾病救济费可以低于当地最低工资标准支付，但不得低于最低工资标准的 80%。

（七）劳动者被管制、缓刑期间

劳动者被判处管制、拘役适用缓刑、有期徒刑适用缓刑，或者被假释、监外执行、取保候审期间，企业未与其解除劳动合同，劳动者提供了正常劳动的，企业应当按照国家规定或者劳动合同约定的工资标准支付其工资。

（八）试用期、见习期的工资

《中华人民共和国劳动合同法》第二十条明确规定：劳动者在试用期的工资不得低于本单位相应岗位最低档工资或者劳动合同约定工资的 80%，并不得低于用人单位所在地的最低工资标准。

第三节　计时工资与计件工资的确定与风险防范

一、什么是计时工资

计时工资是根据工资标准、考勤记录和有关制度计算的。具体计算过程又因采用月薪制或采用日薪制而有所不同。

怎样计算计时工资？

采用月薪制计算计时工资时，公式为：

应付计时工资 = 月标准工资 – 日工资额 × 缺勤天数

其中月标准工资可以根据工资卡片的记录取得，缺勤记录可以根据考勤记录取得。

日工资计算方法有两种：

（一）正算法

正算法：工资 = 月薪 ÷ 21.75 × 月计薪天数 ×（出勤天数比例）

举例说明：某员工月薪 3200 元，5 月份有 23 个工作日，员工缺勤 2 天，出勤是 21 天，本月工资多少？按照正算法的计算方法则是：

工资 =3200 ÷ 21.75 × 21 ×（21.75 ÷ 23）=2922 元

（二）反算法

反算法：工资 = 月薪 – 月薪 ÷ 21.75 × 缺勤天数 ×（出勤天数比例）

举例说明：某员工月薪 3400 元，6 月份有 22 个工作日，员工缺勤 1 天，出勤是 21 天，本月工资多少？按照反算法的计算方法则是：

工资 =3400–3400 ÷ 21.75 × 1 ×（21.75 ÷ 22）=3245 元

目前也有一些实行 6 天工作制之类的民营或私人企业不使用 21.75 计算月薪的，而是直接用实际出勤天数进行计算。这也可行。法律法规并不强制要求企业一定按 21.75 来计算月薪。正确的应该为"工资 = 月薪 ÷（应出勤天数＋法定节假日天数）×（实际出勤天数＋法定节假日天数）"。

二、什么是计件工资

计件工资是指按照合格产品的数量和预先规定的计件单位来计算的工资。它不直接用劳动时间，而是用一定时间内的劳动成果来计算劳动报酬。按照工人所完成的产品数量或作业量支付的工资，计件工资是由计时工资转化而来的，是变相的计时工资。

计时工资与计件工资只是工资形式的差别，并不改变工资的本质。计件工资和计时工资的本质是相同的，都是劳动力价值或价格的转化形式。

那么怎样计算计件工资呢？

实行计件工资制的企业，应付工人的计件工资是按产量工时记录的个人（或班组）完成的合格完工产品产量乘以计件单价计算的。此外，生产中产生的废品，如果是由于材料缺陷（材废）原因造成的，则按相应的计件单价照付工资，如果是加工失误造成的，不支付计件工资。计算公式为：

应付计件工资 =（合格品数量 + 料废品数量）× 计件单价

如果工人（或小组）在 1 个月内加工多种不同产品，而且各种产品的计件单价不同，则分别按上式计算每种产品的计件工资后汇总即为应付该职工（小组）的计件工资额。

上述公式中的计件单价，应该是某种产品的定额工时数，乘以制造该种产品所需要的某种等级工人的小时工资率求得。

实际工作中，计件工资还可以按完成定额工时乘以工时单价（经测算确定的小时工资率）计算：

首先，计算月份内完成的各种产品的定额工时数，公式为：

完成定额工时数 = $\sum$（每种产品完成数量 × 该种产品单位定额工时）

其中产品完成数包括合格产品数量和料废品数量。

其次，根据定额工时数和小时工资率计算应付计件工资，公式为：

应付计件工资 = 完成定额工时数 × 工时单价

在企业实行小组集体计件工资时，应按上述方法首先计算出小组应得的计件工资总额，然后在小组成员间进行分配。

三、计时工资和计件工资的优缺点

（一）计时工资

计时工资制是按照职工的技术熟练程度、劳动繁重程度和工作时间的长短来计算和支付工资的一种分配形式。

计时工资的优点：

1. 促进员工提高工作质量

计时工资制强调员工本人的技术业务水准的高低，因此，有利于员工努力学习科技文化和业务知识，不断提高自己的技术业务水平和劳动熟练程度，提高劳动工作质量。

2. 工资计算较为方便

计时工资的内容和形式简便明确，有较大的稳定性，因此便于公司薪资的计算和管理。

3. 保障员工的日常生活

计时工资不致使员工工作情绪过度紧张，且工资收入水平取决于既定的工资标准，有较大的稳定性，因此能保障员工的收入、生活水平及身心健康。

计时工资的缺点：

1. 易造成平均主义

由于计时工资只能反映员工的技术熟练程度、劳动繁重程度和劳动时间长短的差别，不能全面反映同等级员工在同一工作时间内支付劳动量和劳动成果的差别，在一定程度上造成平均主义。

2. 易导致工作效率低下

实行计时工资时，如果没有相应的绩效考核，容易导致员工混时间，不积极进取。员工认为只要工作到足够的时间就可以拿到全额工资，导致工作效率低下。

（二）计件工资

计件工资是根据职工完成的劳动数量和按事先规定的计件单价计算和支付的工资。

计件工资的优点：

1. 体现多劳多得原则

使不同劳动者之间以及同一劳动者在不同时间内的劳动差别在劳动报酬上得到合理反映。因此，计件工资能够更好地体现按劳分配原则。

2. 提高劳动生产率

采用计件工资制，能够准确地反映职工实际付出的劳动量，有利于调动职工劳动积极性，从而提高劳动生产效率。

3. 有很强的物质激励作用

计件工资的计算与分配事先都有详细、明确的规定，在企业内部工资分配上有很高的透明度，使得工人对自己所付出的劳动和能够获得的劳动报酬心中有数。

4. 提高企业员工素质

计件工资收入直接取决于劳动者在单位时间内生产合格产品数量的多少，因此可以刺激劳动者从物质利益上关心自己的劳动成果，努力学习科学文化，不断提高技术水平与劳动熟练程度，提高工时利用率，加强劳动纪律。

计件工资的缺点：

1. 没有考核奖励

计件工资员工个人劳动的经济效果明确，实行多劳多得，企业一般不再实行其他经常性的生产奖励。

2. 导致工人精神紧张，工作压力大

工人为了获得更高的报酬，不断付出劳动，以至于不顾自己的身心健康，长期处于精神紧张状态。

在计时与计件状态下，组织对员工的期望不变，但根据工资理论和激励理论，员工在不同状态下工作热情和工作心理是不同的，员工最缺乏激励效果的是按时计酬,在这种状态下,组织需要明确告诉员工组织的需求——效率与质量并重,其中效率优先的原则。并且需要做好以下工作:根据市场变化和工作需要,按照精简高效的原则定编、定岗、设置岗位,并通过岗位规范明确每一个岗位的责任和上岗条件。通过加强岗位工资的动态管理,实行定期考核,竞争上岗,以岗定薪,建立规范的与培训、考核、使用、待遇相结合的机制,以促使职工钻研科学技术,提高业务技能水平。制定科学合理的岗位工资系数标准。

四、除计时工资制与计件工资制以外的其他工资制度

技术等级工资制是一种比较成熟、实行面广的工资形式。它是根据工作的技术复杂程度、员工的技术熟练程度和工作的责任大小等因素划分不同的等级,再按照不同的等级支付工资。职务等级工资制一般是企业对管理人员和专业技术人员所实行的按照职务规定工资的一种等级工资制度。职务等级工资制一般采用一职数级,上下交叉的办法,即在同一职务内划分若干等级,相邻职务工资等级线上下交叉,职员在职务所规定的工资等级范围内评定其工资标准。

因此,究竟是计件工资还是计时工资,要根据具体情况来确定,同时一项制度实施的过程中,后续的监督和配合制度的条件也应该适当进行调整和把关,是否能够实施或者是否能够在适当的调整后符合企业的发展是最重要的。

第四节 奖金和绩效工资的管理与常见问题的处理

从历史的角度看,由"工资"到"薪酬"的变化体现了劳动报酬由固定制到浮动制的发展历程。人力资源管理及劳动法理论和实务界通常认为,企业薪酬体系及薪酬结构的设计应当基于员工的岗位、能力和绩效,将薪酬设计为固定部分和浮动部分,固定部分一般为基本工资,浮动部分则主要体现为绩效工资。

绩效工资（或称奖金）属于通用概念，理论上并无严格的界定标准，但应符合两个根本特征：其一，实现对员工的"奖励"和"激励"目标；其二，具有变动性或浮动性。因此，实践中，绩效工资可有不同的形式和种类，只要符合上述特征均可纳入绩效工资范畴，常见的有"奖金""年终奖""提成奖"等。

劳动法视野下，如何应对"奖金"的管理？实践中有哪些常见的误区？如何避免法律风险？可从以下角度分析。

一、绩效工资和奖金的区别

（一）含义不同

员工在工作时只要为企业付出了很多，那么就能够给企业带来很大的收益，所以员工只要努力，并且用自己的知识技能去赢得顾客的认可和对方达成协议，那么也能够拿到很高的绩效工资，这是大家应得的。而奖金就是公司奖励给大家的，有的人有，有的人没有。

（二）目的不同

绩效工资的目的在于约束，奖金的目的在于激励。绩效工资的实质是"岗位价值押金"，将员工的基本工资分成两部分，一部分作为固定工资发放，另一部分作为绩效工资根据员工个人绩效表现调整发放。奖金的实质是"企业业绩分红"，即从企业业绩目标的超出部分中，拿出一定数额的业绩奖金，有差别地分配给企业员工。

（三）权重比例不同

绩效工资的权重一般占"基本工资"的20%到几倍不等。而奖金一般无权重比例限制，上不封顶，一般视企业业绩或效益而定。

（四）要项构成不同

绩效工资是常规项目，奖金是非常规项目。绩效工资根据部门及岗位表现发放，有一定的区间，不是有没有的问题，是多与少的问题；而奖金是企业的一种额外付酬方式，视企业效益而定，在达不到预定的绩效目标或企业总体经济效益不理想的状况下，可以不发。

（五）挂钩侧重不同

绩效工资更多与个人绩效表现关联，直接受个人绩效表现波动的影响；而奖金目的在于牵引员工关注企业的整体业绩表现，主要受企业整体业绩表现的影响。

二、绩效工资的优缺点

（一）绩效工资的优点

（1）将个人的收入同本人的工作绩效直接挂钩，鼓励员工创造更多的效益，同时又不增加企业的固定成本。

（2）严格长期的绩效工资体系是一种有效的方法，让公司不断改进员工的工作能力、工作方法，提高员工绩效。

（3）这种方法使绩效好的员工得到了奖励，同时也能获取、保留绩效好的员工。

（4）当企业经营不景气的时候，虽然没有奖金了，但是由于工资成本较低，企业也可以不炒人、少炒人，让员工有安全感，增加员工的忠诚度；当经营恢复活力时，企业也有充足的人才储备。

（二）绩效工资的缺点

（1）绩效工资鼓励员工之间的竞争，破坏员工之间的信任和团队精神。员工之间会封锁信息，保守经验，甚至可能会争夺客户。对那些需要团队合作才能有好的产出的企业，这种方法就不适用。

（2）绩效工资鼓励员工追求高绩效。如果员工的绩效同组织（部门、企业）的利益不一致，就可能提高个人绩效，降低组织的绩效，这时候这种方法就失去了价值。例如，销售员为了达成交易，可能会对客户做出很多免费服务承诺，企业为了兑现承诺可能会投入很高的成本。

（3）员工可能为了追求高绩效而损害客户的利益。例如，保险公司的业务员，为了达成交易过度夸大保单价值。当被客户识破后，有可能会要求退保，同时，保户也会对保险公司产生不信任。再如医生为了增加效益，可能会给病人开高额药方，做不必要的昂贵检查。这种做法有违医院的宗旨，同时也会损害医院的形象。

（4）在行政事业单位中，绩效工资是由单位领导发放的，这会使单位领导的权力更大，从而很可能导致单位领导更为严重的腐败行为。

企业决策层在决定是否采纳绩效工资时，应该注意绩效工资制度是否违背组织的宗旨，如果有利于实现企业的战略目标，能够提高企业的绩效，只要方案合适，绩效工资就能给企业带来好处。

三、奖金的优缺点

（一）奖金的优点

1. 走向稳定的经营

个人绩效挂钩奖金承担与业绩相称的奖金，避免因多发奖金而产生的管理压力。在固定奖金的情况下，奖金负担会随着员工人数的增加而自动增加，但通过使其可变，可以减少不必要的人工成本。

2. 提高员工绩效

奖金根据经营业绩波动来提高员工对管理参与和经营业绩的认识。例如，个人绩效挂钩的奖金确定过程是透明的，超过目标值的部分变成奖金，更容易建立工作与奖金之间的关系。

3. 消除了劳资之间确定奖金的麻烦

与个人绩效挂钩的奖金可以节省时间和精力，因为绩效指标在使用之前由劳资双方决定。

（二）奖金的缺点

1. 奖金资源可能会大幅波动

由于与个人绩效挂钩的奖金根据公司的利润而波动，因此波动幅度会根据管理层的好坏而变大。即使本期有利但下一期危在旦夕，本期的奖金将根据良好的经营业绩确定，因此存在管理层突然下降的风险。

2. 根据表现可能没有奖金

有了基于个人绩效的奖金，可能会出现零奖金的员工。如果不期望获得奖金，将影响员工的个人生活，可能导致不满和降低工作积极性。

四、奖金和绩效工资的误区

奖金的本质就是基于员工的绩效表现而给予的奖励或激励。实务中用人单位在设计薪酬结构时将工资划分为基本工资、岗位工资、工龄工资、绩效工资、奖金、加班工资、津贴补贴等，但往往没有真正区分"不变工资"和"浮动工资"，并没有把握"奖金"的本质。实务中比较常见的误区有两个：

（一）将"十三薪"作为年终奖，并纳入奖金的管理

事实上，用人单位常用的"十三薪"貌似绩效工资，但不具备绩效工资或奖金的本质，因为其不是基于员工的绩效奖励或激励，而是在单位内普遍适用的基本工资，只是年底一次性发放而已，而且很多用人单位竟然在劳动合同或薪酬制度中规定每月扣除一部分工资，累积到年底时作为年终奖支付，显然这种做法违反了劳动基准法关于工资支付的相关规定，存在巨大的法律风险。

（二）将"绩效加薪"也作为奖金来处理

绩效加薪，简单而言就是基于员工个人或组织在一定时期内良好的绩效表现，而增加其劳动报酬。绩效加薪看起来是对员工的奖励，但其实是属于薪酬的调整，因为增加的薪水属于基本工资范畴，而不是一次性的奖金。换言之，绩效加薪增加的是不变的基本工资，而奖金只是浮动工资，具有临时性、变动性、一次性特征，不会增加基本工资。

由上可知，绩效工资或奖金都是泛称，有不同的形式或种类。用人单位在制定相关薪酬制度时就应将不同的薪酬组成部分，分别纳入"不变"和"浮动"两大薪酬板块中。

一般认为薪酬结构包括工资、奖金和福利三大块，但这三大块并非与"不变薪酬"和"浮动薪酬"一一对应，即工资属于不变的薪酬，奖金和福利属于浮动薪酬。

事实上，三大块的薪酬结构中，只有真正的奖金才属于浮动工资，而实务中很多貌似奖金的薪酬实质上属于不变薪酬的范畴，很多种类的福利也属

于不变薪酬。

凡是具有不确定性的，基于员工绩效或业绩考核的，临时性或一次性支付的薪酬均可由奖金组成，包括但不限于基于绩效考核的"月度奖""季度奖"和"年终奖""质量奖""节约奖""全勤奖""安全奖"以及其他临时性、一次性或经常性的奖励。

奖金管理涉及三大要素，即奖励指标或条件的约定、奖金的计算及奖金的支付。其中，奖励指标或条件的约定是奖金管理的核心和基础。因为从劳动立法关于工资的基准规定看，奖金总体上属于人力资源管理的范畴，即奖金的发与不发及发多少由用人单位说了算，很大程度上体现了用人单位的单方意志，劳动立法无须介入。

五、奖金支付的法律风险防控

既然规定或约定了要发，那么如何发？关于奖金支付法律风险防控需要注意以下几点。

（一）让"浮动工资"浮动起来，从根本上规避"无故克扣或拖欠工资"

实务中，很大一部分劳动报酬争议是关于用人单位无故扣减或拖欠工资所引发的，且多是用人单位败诉。

因为此类纠纷的处理对单位薪酬结构的设计和扣减、拖欠工资事实的举证等均有很高的要求，故用人单位应该总结可能出现的扣罚工资的情形，然后在奖金部分找到相应的扣减渠道，那么遇到扣减工资时就变成了扣减奖金，而不是扣减基本工资了，从而规避了"无故克扣或拖欠工资"。

（二）基于绩效考核的"月度奖""年终奖"等，需要明确相应的支付条件、程序

首先，必须明确考核依据、方式、期限及标准，并能固定相关证据；其次，须约定具体的支付条件，如员工中途离职，能否获得年终奖等；再次，须按约定的期限结算奖金，并做相应的免责措施。

（三）关于"提成工资"，首先必须明确支付提成工资的衡量标准和计算方法

"提成工资"衡量标准要以合同的履行或款项支付为准，尤其是当员工

离职要求支付提成工资时，用人单位能否以此为由拒绝支付，在实务操作中有不同的处理方案。

第五节　工资支付的管理及可能存在的争议的处理

工资支付的常见方式有最低工资法、工资全额法、实得工资法、基本工资法、基本工资加绩效工资法等。工资的核算依据经常采用工时制，包括标准工时制、不定时工作制和综合计算工时工作制。

一、标准工时制

标准工时制，是法律规定的关于在正常情况下，一般职工从事工作的时间的制度。标准工时制，也称为标准工作制度，是由立法确定一昼夜中工作时间长度，一周中工作日天数，并要求各用人单位和一般职工普遍实行的基本工时制度。标准工时制是标准和基础，是其他特殊工时制度的计算依据和参照标准。因此标准工时制具有至关重要的意义，也是各国劳动立法中的重要内容。

当然，标准工时制中的标准并不是一成不变的，随着社会发展，标准也在不断发展和提高。根据《国务院关于职工工作时间的规定》，我国目前实行的是每日工作8小时、每周工作40小时的标准工时制。任何单位和个人都不得擅自延长职工的工作时间。但这一制度与劳动法的规定有些不同。《中华人民共和国劳动法》第三十六条规定："国家实行劳动者每日工作时间不超过八小时，平均每周工作时间不超过四十四小时的工时制度。"显然在这里每周工作时间的上限多了4小时。如何看待这多出来的4小时呢？根据劳动部《关于职工工作时间有关问题的复函》（劳部发〔1997〕271号）的有关规定，如果用人单位安排的工作时间每周超出40小时但不足44小时，且不作为延长工作时间处理，劳动行政部门有权要求用人单位改正。因此，超出40小时但不足44小时，仍然是延长工作时间。

综上我们可以看出,标准工时制的法律特征很明显,即每天工作时间不超过 8 小时,平均每周工作时间不超过 40 小时;保证劳动者每周至少休息一天。

在实务中,有些单位在操作过程中对标准工时制的运用存在一定误区,具体表现在以下几个方面:只要每周工作时间不超过 40 小时就不支付加班费;平时延长工作时间给予调休就不用支付加班费;安排加班是单位的"权利";实行倒班制逢法定节假日而不支付加班费;只要职工申请就可超时加班等等。

需要特别提出的是,超时加班是违法的。《中华人民共和国劳动法》第四十一条规定,"用人单位由于生产经营需要,经与工会和劳动者协商后可以延长工作时间,一般每日不得超过一小时;因特殊原因需要延长工作时间的,在保障劳动者身体健康的条件下延长工作时间,每日不得超过三小时,但是每月不得超过三十六小时"。从这一条款我们可以看到,一般性的岗位必须征得劳动者的同意才能安排加班,不能强迫劳动者加班。如果超时安排劳动者加班,首先劳动者可以拒绝单位的请求,如果单位还是强迫要求员工加班,根据我国相关法律规定:用人单位每日延长劳动者工作时间超过三小时或每月延长工作时间超过 36 小时的,应给予警告,责令改正,并可按每名劳动者每超过工作时间一小时罚款 100 元以下的标准进行处罚。劳动者可以通过提供相关的加班凭证向劳动行政部门投诉。不提供加班工资也属于违法行为。由于加班费属于劳动报酬的一部分,所以,根据我国相关法律规定,未及时足额支付劳动报酬的劳动者可以立即解除劳动合同,并有权获得经济补偿金。

《中华人民共和国劳动合同法》第八十五条规定:如果用人单位安排加班不支付加班费的话,由劳动行政部门责令限期支付,逾期不支付的,责令用人单位按应付金额百分之五十以上百分之一百以下的标准向劳动者支付赔偿金。综上所述,单位会因为超时安排员工加班而受到处罚,劳动者享有立即解除劳动合同并获得经济补偿金以及加班费的权利。劳动仲裁是完全免费的，但劳动者必须提交相应的书面证明，以证明加班确实存在。

二、不定时工作制

那么什么是不定时工作制呢？不定时工作制是指因生产特点、工作特殊需要或职责范围，无法按标准工作时间衡量、需机动作业而采取不确定工作时间的一种工时制度。

企业因生产特点不能实行《中华人民共和国劳动法》第三十六条、第三十八条规定的，可以实行不定时工作制或综合计算工时工作制等其他工作和休息办法。同时，依据《关于企业实行不定时工作制和综合计算工时工作制的审批办法》第四条：企业对符合下列条件之一的职工，可以实行不定时工作制：（一）企业中的高级管理人员、外勤人员、推销人员、部分值班人员和其他因工作无法按标准工作时间衡量的职工；（二）企业中的长途运输人员、出租汽车司机和铁路、港口、仓库的部分装卸人员以及因工作性质特殊，需机动作业的职工；（三）其他因生产特点、工作特殊需要或职责范围的关系，适合实行不定时工作制的职工。对于实行不定时工作制和综合计算工时工作制等其他工作和休息办法的职工，企业应根据《中华人民共和国劳动法》第一章、第四章有关规定，在保障职工身体健康并充分听取职工意见的基础上，采用集中工作、集中休息、轮休调休、弹性工作时间等适当方式，确保职工的休息休假权利和生产、工作任务的完成。

对于不定时工作制我国实行备案审批制，用人单位未经批准，擅自实行不定时工作制的，由劳动保障部门责令其向劳动者支付延长工作时间的工资，并补办审批手续，拒不执行的，处以5000元以上1万元以下罚款。

三、综合计算工时工作制

企业因生产特点不能实行标准工时制度，且符合条件的经劳动保障行政部门批准可以实行综合工时制度。综合工时制是指分别以周、月、季、年等为周期，综合计算工作时间，但其平均工作时间和平均周工作时间应与法定标准工作时间基本相同。而对于实行综合工时制的劳动者，企业应当根据标准工时制合理确定劳动者的劳动定额或其他考核标准，以便安排劳动者休息。也就是说，劳动者每日的实际工作时间不超过 8 小时，平均每周工作时间不超过 44 小时的工时制度（见《中华人民共和国劳动法》第三十六条）。但综合计算周期内的总实际工作时间不应超过总法定标准工作时间，超过部分应视为延长工作时间并按劳动法的规定支付报酬，其中法定休假日安排劳动者工作的，按劳动法的规定支付报酬。而且，延长工作时间平均每月不得超过 36 小时。如果在整个综合计算周期内的实际平均工作时间总数不超过该周期法定标准工作时间总数，只是该综合计算周期内的某一具体日（或周，或月，或季）超过法定标准工作时间，其不超过部分不应视为延长工作时间。

实行不定时工作制和综合计算工时工作制等其他工作和休息办法的职工，企业应根据《中华人民共和国劳动法》第一章、第四章的有关规定，要保障职工身体健康并充分听取职工意见的基础上，采用集中工作、集中休息、轮休调休、弹性工作时间等方式，确保职工的休息休假权利和生产、工作任务的完成。

企业对符合下列条件之一的职工，可以实行综合计算工时工作制：（1）交通、铁路、邮电、水运、航空、渔业等行业中因工作性质特殊，需连续作业的职工；（2）地质及资源勘探、建筑、制盐、制糖、旅游等受季节和自然条件限制的行业的职工；（3）其他适合实行综合计算工时工作制的职工。

对于实行综合工时制的职工计算方法是：职工全年月平均工作时间及工时计算方法根据《全国年节及纪念日放假办法》（国务院令第 513 号）的规定，全体公民的节日假期由原来的 10 天增设为 11 天。职工全年月平均制度工作天数和工资折算办法分别调整如下：

工作日的计算：

年工作日：365 天 / 年 –104 天 / 年（休息日）–11 天 / 年（法定休假日）=250 天 / 年

季工作日：250 天 / 年 ÷4 季 =62.5 天

月工作日：250天/年÷12月=20.83天

工作小时数的计算：以月、季、年的工作日乘以每日的8小时。

日工资、小时工资的折算：

按照《中华人民共和国劳动法》第五十一条的规定，法定节假日用人单位应当依法支付工资，即折算日工资、小时工资时不剔除国家规定的11天法定节假日。据此，日工资、小时工资的折算为：

日工资：月工资收入÷月计薪天数

小时工资：月工资收入÷（月计薪天数×8小时）

月计薪天数=（365天−104天）÷12月=21.75天

实行综合工时制的用人单位有下列情形之一的，可延长劳动者的工作时间，不受《中华人民共和国劳动法》第四十一条的限制：（1）发生自然灾害、事故或者因其他原因，威胁劳动者生命健康和财产安全，需要紧急处理的；（2）生产设备、交通运输线路、公共设施发生故障，影响生产和公共利益，必须及时抢修的；（3）法律、行政法规规定的其他情形。但实践中，有些用人单位往往会延长工作时间，比如：未经劳动保障行政主管部门批准，对职工宣布实行综合计算工时工作制或不定时工作制；超过劳动保障行政主管部门核定范围实行综合计算工时工作制或不定时工作制；任意延长职工工作时间，且不做考勤或不做加班记录；以规章制度方式减少考勤记录，达到延长工作时间的目的。针对上述形式，劳动者对非标准工作时间制度要多留个心眼，询问公司是否取得劳动保障行政主管部门的批准，公司对工作时间、考勤的规定及实际执行情况，并注意收集和保存相关记录、材料。

四、不定时工作制和综合计算工时制异同

（一）不定时工作制和综合计算工时制的区别

不定时工作制，是指因生产特点、工作特殊需要或职责范围，无法按标准工作时间衡量、需机动作业而采取不确定工作时间的一种工时制度。综合计算工时工作制，是指因工作性质特殊或受季节及自然条件限制，需在一段

时间内连续作业,采取以周、月、季、年等为周期综合计算工作时间的一种工时制度。

区别一:适用人群不一样。

不定时工作制适用于下列条件之一的职工:(1)企业中的高级管理人员、外勤人员、推销人员、部分值班人员和其他因工作无法按标准工作时间衡量的职工;(2)企业中的长途运输人员、出租汽车司机和铁路、港口、仓库的部分装卸人员以及因工作性质特殊,需机动作业的职工;(3)其他因生产特点、工作特殊需要或职责范围的关系,适合实行不定时工作制的职工。详细的各地方可能会略有不同,以当地规定为准。

综合计算工时工作制适用于下列条件之一的职工:(1)交通、铁路、邮电、水运、航空、渔业等行业中因工作性质特殊,需连续作业的职工;(2)地质及资源勘探、建筑、制盐、制糖、旅游等受季节和自然条件限制的行业的部分职工;(3)其他适合实行综合计算工时工作制的职工。详细的各地方可能会略有不同,以当地规定为准。

区别二:工作时间不一样。

不定时工作制,何时上班、上班多长时间,没有固定的、明确的时间;也许连哪天上班、哪天不上班也无法固定。(可超过每周40小时)

综合计算工时工作制,以周、月、季、年等为周期,综合计算工作时间,但其平均日工作时间和平均周工作时间应与法定标准工作时间基本相同。即可能某一段时间很忙,要连续上班没得休息,但过后又可能没事做很有空。(平均每周一般不超过40小时)

区别三:加班工资的支付不一样。

不定时工作制,一些地方未写明要支付任何加班工资;上海、深圳等地,则是法定节假日上班的支付300%加班工资。详细以当地规定为准。

综合计算工时工作制,如北京、上海、深圳、江苏等地均是规定超过总标准工作时间的,支付平时加班(延长工作时间)的加班工资(即150%);法定节假日工作的,按300%支付加班工资。详细以当地规定为准。

（二）综合工时制与不定时工作制的共同点

1. 两者都要经过劳动行政部门的审批才能实施

休息权是宪法赋予每一位劳动者的应有权利，为了保证劳动者的健康，必须有必要的休息时间。而无论是综合工时制，还是不定时工作制，都有可能占用劳动者的休息时间；因此这两种工时制度都应该受到严格的限制，在实践中表现为应当经过劳动行政部门的审批。此点为《关于企业实行不定时工作制和综合计算工时工作制的审批办法》第七条所确认。任何企业，未经劳动行政部门的批准，不得擅自施行综合工时制或不定时工时制。

2. 两者都不用支付在休息日工作的加班费

《劳动部关于贯彻执行〈劳动法〉的意见》第六十二条规定，施行综合工时制的企业职工，工作日正好是周休息日的，属于正常工作。可见，在综合工时制下，劳动者在休息日工作的，用人单位无须支付加班费。同样，由于在不定时工作制下不存在是否延长工作时间的问题，因此也无须支付在休息日工作的加班费。

3. 两者都要支付在法定节假日工作的加班费

法定节假日不同于一般的休息日。设立法定节假日不仅是为了保障劳动者的休息权利，更重要的在于这些节日的纪念价值。因此，如果劳动者在法定节假日加班的，不论用人单位实行的是综合工时制，还是不定时工时制，都应当按300%的标准支付加班费。此点已为相关规定所确认，如《上海市企业工资支付办法》第十三条。

五、薪酬管理注意事项

薪酬管理，是在组织发展战略指导下，对员工薪酬支付原则、薪酬策略、薪酬水平、薪酬结构、薪酬构成进行确定、分配和调整的动态管理过程。

高效的薪酬管理工作是企业吸引人才、留住人才的重要保障工作，对于人才来说，他们为公司服务时间的长短，在很大程度上是受到企业薪酬管理激励的。因此，做好薪酬管理一系列的工作对于企业来说是非常重要的，这在很大程度上影响着企业未来的发展。而其中，了解薪酬管理需要注意哪些细节，能够为我们提供很好的警惕效果。

（一）企业薪酬管理需要注意的事项

1. 注意薪酬水准具有竞争力

薪酬水准影响到企业吸引人才的能力和在行业的竞争力。因此，如果一个企业的薪酬水准低于当地同类型企业和行业市场水准，同时又没有与之相配合的措施如稳定、较高的福利、便利的工作条件、有吸引力和提升性的培训机会等，就容易造成员工流失，直接或间接影响企业的利润率和经营发展目标的实现。

2. 注意执薪公正，做到同工同酬

如果一个企业的薪酬不能做到同工同酬，员工就会认为自己受到不公正待遇。因此，员工在工作中就会消极怠工，降低努力程度，在极端情况下有可能造成辞职。如果这是一名普工，或许他的消极工作态度给企业造成的损失不会太大，但可能使公司的名誉受损。如果这是一名优秀员工或者高级主管，他的消极工作态度，甚至是辞职离去，给企业造成的损失将难以估量。

3. 注意同级别、同层次员工分工合理，劳逸平均

如果一家企业中，在同一层次和同一级别的员工中，有些人一天到晚忙得连喘息的机会都没有，而有些员工却无事可做，喝茶聊天，这说明岗位工作分工出了问题。同级别和层次的员工岗位工作量、工作难易程度、岗位职责不一致，其薪酬的公平、公正和薪资对等性肯定存在问题。长此以往，公司的部分员工一定会牢骚满腹，轻则造成内部不团结，影响士气；重则造成员工消极、人心不稳，跳槽频繁。

4. 注意中高层与基层员工薪资水平差异不能太大

中高层管理或技术人员确是属于企业核心人才，所产生的价值确实不一样，工资水准也不一样。但如果出现企业中高层岗位的薪水与基层员工的差异达到8~10倍以上，则基层员工与管理层的关系会疏远甚至僵化，基层员工情绪低落，士气下降，整个公司将出现死气沉沉的局面，而中高层的工作

也难以开展。

5. 注意调薪有依据，绩效考评公正、公平

企业内岗位的调薪，做好了能激励员工的士气，做不好会动摇部分员工的信心。尤其是毫无根据地随意调薪，或绩效评估不公正，都会导致员工对企业的薪酬系统产生怀疑，甚至不满。调薪必须有依据，讲原则，重激励。

（二）薪酬管理体系建设应注意的细节

首先，薪资体系一般由基本薪、职位薪、绩效薪、年资、加班工资、奖金等构成。尤其是基本薪、职位薪、绩效薪的比例要合理，基本工资对企业来说一般是通用型，满足当地最低工资水准，体现薪水的刚性。

而职位薪酬则是根据不同职位的工作分析，来分析岗位的价值，做出科学准确的岗位评估，来体现职位薪水的高低，满足员工内部薪资平衡心理，绩效薪是根据绩效结果的达成，来确定绩效工资多少，企业内不同层次的员工，绩效薪占整个薪资总额比例不一样。

其次，科学的薪酬管理体系对于企业来说具有很大的作用。很多在发展中的企业由于没有一个完善的薪酬管理体系，进而导致其发展速度非常缓慢。只有认知薪酬管理体系的作用机理、把握薪酬要素在企业营运过程中体现出的管理思想，薪酬体系才能在现代企业管理中发挥出最大的作用。

（三）薪酬管理不可忽视的一些细节

1. 没有发展战略就没有薪酬设计

正所谓行军打仗需要良好的兵法韬略一样，企业的薪酬设计也不是孤立进行的。薪酬设计需要和企业的发展战略、员工需求和外部环境有机结合，而且企业必须根据当期经济效益及可持续发展状况决定薪酬水平。

2. 人本化是薪酬设计的核心内容

人本化是企业薪酬管理的重要原则，也是企业薪酬设计的核心内容。当然以人为本是要员工以认同企业价值观为基本前提，企业鼓励什么，摒弃什么要让员工一目了然，并通过正确的价值观管理来设计薪酬。

3. 在差异化中寻求公平

一般薪酬设计中的公平都是相对的，然而差异化缺失是不可避免的，关键要在两者之中寻求平衡点。其实很多时候在企业的薪酬设计中，诸如同工不同酬的情况是不可避免的，因为即使是工作相同、岗位相同，但是员工的工作技能和态度是不同的。薪酬差距主要有两种：第一，不同岗位的薪酬差距；第二，同一岗位不同等级的员工薪酬差距。第一种差距可以通过岗位评价来解决；第二种情况在岗位评价的基础上，还要综合考虑员工的能力素质、员工对企业的贡献积累等因素来做出具体的评判。

4. 企业文化应融入薪酬设计

薪酬设计与企业的发展阶段和所倡导的企业文化紧密相连，这两者不应该是相互脱离的，当然很多民营企业可能根本就没有展示自己个性的企业文化，所以这也是导致他们薪酬设计比较困难的一个重要原因。

那么，如果发生了工资争议，请求仲裁或者诉讼的时效一般为一年。目前最高发的工资争议的类型是：同工不同酬争议、最低工资争议、工资标准确认争议；工资拖欠与克扣争议；加班费支付争议；双倍工资争议等。

因此，用人单位要注意加班费的计发基数与计算方法，首先要根据法律标准，然后根据地方标准，在基本工资的基础上计发加班费。加班与值班还有区别。加班是指劳动者在原来的工作岗位，在正常的工作时间外继续从事原来的工作。值班是指用人单位为临时负责接听、看门、防火、防盗或为处理突发事件、紧急公务处理等原因，安排本单位有关人员在夜间、公休日、法定休假日等非工作时间内轮流进行的工作。为了减少加班费争议，节省人力成本，用人单位应尽量提高企业的工作效率，形成不加班的工作风气；加班实行申报审批制；如有需要申报特殊工时制；合理运用值班；通过基本工资控制计发基数；严格考勤管理制度。

总之，为了减少工资支付中可能存在的风险，用人单位应做到以下几点：工资支付日期约定要宽松；工资变更情形要规定；工资结构设计要合理；抵补损失与违约金要有制度规定或合同约定。

第五章
社会保险与福利待遇的规章制度和风险防范

第一节　企业福利待遇

一、企业福利

企业福利，就是企业给员工提供的用以改善其本人和家庭生活质量的，以非货币工资或延期支付形式为主的各种补充性报酬和服务。比如企业给员工提供的防暑降温用品、班车、免费旅游服务、福利房等。企业福利是以企业为责任主体，专门面向组织内部员工的一种福利待遇。

一般企业福利由法定福利和企业自主福利两部分组成。前者即根据政府的政策法规要求，所有在国内注册的企业都必须向员工提供的福利，如社会保险，住房公积金，病假、产假、丧假、婚假、探亲假等政府明文规定的福利制度，还有安全保障福利、独生子女奖励等；后者则是企业根据自身特点有目的、有针对性地设置的一些符合企业实际情况的福利。正是在自愿性福利的设计上，许多企业不惜重金延聘企管顾问精心策划，特别是那些效益高、人才流动率高的企业，福利方案更是成为阻止员工跳槽极为有效的"撒手锏"。

各种企业福利项目在具有一定社会功能的同时，也成了企业吸引人才、留住人才的主要激励方式。现金和员工福利都是留住员工的有效手段，但是两者特点不同。尽管看得见、拿得着的现金可以对人才产生强大的冲击力，短时间内消除了员工福利的差异化要求，但其非持久性的缺点往往会使其他企业用更高的薪水将人挖走，尤其对于资金实力不足的中小企业而言，如果仅仅依靠现金留人，将很难避免人才大流失的灾难。而具有延期支付性质的员工福利，不但可以避免财力匮乏的尴尬，还可以很好地维系住人才，成为减缓企业劳动力流动的"金手铐"。而对于员工来说，医疗保险、养老保险、工伤保险等法定企业福利项目，可以使员工生病得到医治、年老能有依靠、遭受工伤后获得赔偿等，从生理上满足员工的需要。而更多企业自主福利却可以满足员工在情感上的需要。例如，企业提供的带薪休假福利，能够更好地缓解员工的工作压力，让他们有更多的时间陪伴家人，从而满足人们在感情、亲情方面的需要；企业举办的各种集体出游活动、公司宴会活动可以使员工在工作之外有更多的接触机会，增进员工之间的了解，融洽公司内部成员间的同事关系，也有助于人们获得情感上的满足。这些都可以让员工感觉到企业和自己不仅仅是一种单纯的经济契约关系，而是带有某种程度的类似家庭关系的感情成分，无疑改善了员工的工作境遇。

企业给员工发福利是件好事，可以激励员工更好地为企业工作。但是福利发放不当，就会适得其反。影响企业福利功效的五大因素：平均主义，福利设置缺乏弹性，缺乏实效性，员工缺乏参与权，员工对福利缺乏认同感。通常来说，企业五花八门的福利方案均含有如下内容：

住房贷款利息给付计划。这是目前众多企业普遍推行的一种较先进的方案，即根据企业薪酬级别及职务级别确定每个人的贷款额度，在向银行贷款的规定额度和规定年限内，贷款部分的利息由企业逐月支付。也就是说，员工的服务时间越长，所获利息给付越多。商业人寿保险。除正常的养老保险金之外，企业通常还为关键职位的员工购买商业人寿保险，并允许职工自行交保再增购一定数额的额外保险。

医疗及有关费用的支付。一些效益良好且属于智力密集型的企业沿袭了过去全民所有制企业医疗费用全额报销的方法。当然，仔细探究一下，不难发现这些企业均为成立年限较短、员工普遍较年轻的成长型企业。

带薪休假。一些智力型企业放宽了带薪休假期限，最长的已达25天。

教育福利。对员工提供教育方面的资助，为员工支付部分或全部与正规教育课程和学位申请有关的费用、非岗位培训或其他短训，甚至包括书本费和实验室材料使用费。

法律和职业发展咨询。为职工提供法律及个人职业发展方面的服务，充分利用企业延聘的法律专家或咨询顾问，为员工及其家庭提供服务。

子女教育辅助计划。目前中小学甚至幼稚园日益高涨的赞助费已成为工薪阶层十分头疼的一项支出。企业适时推出"投资大人才，留住小人才"的计划，正好迎合了他们的需求。

除此之外，许多跨国企业实行雇员股票所有权计划，此举尤其受一些绩优企业雇员的欢迎，不少雇员为保住股票持有权甚至拒绝其他企业的高薪诱惑。据悉，对于高级人才，跨国企业还有"金降落伞计划"，只是受众面甚小，在此不再赘述。

二、员工福利

（一）员工福利有四个主要特点

第一，补偿性。员工福利是对劳动者为企业提供劳动的一种物质性补偿，也是员工工资收入的一种补充形式。

第二，均等性。企业内履行了劳动义务的员工，都可以平均地享受企业的各种福利。

第三，集体性。企业兴办各种集体福利事业，员工集体消费或共同使用共同物品等是员工福利的主体形式，也是员工福利的一个重要特征。

第四，多样性。员工福利多样性，包括实物、带薪休假以及各种服务，而且可以采用多种组合方式，要比其他形式的报酬更为复杂，更加难以计算和衡量，最常用的方式是实物给付形式，并且具有延期支付的特点，这与基本薪酬差异较大。当然，虽然员工福利待遇可以分为这些，但是并不是所有的企业都有这些，福利终究只是企业用来招揽员工的一个手段而已，设立哪些福利只是企业的一个内部决策，不受外部环境影响。纵然如此，在当今社会的大环境下，企业的员工福利待遇也越来越完善，对于企业来说，自然是希望员工福利能够越来越好的，因为好的员工福利只会让企业越来越好。

（二）公司职工的福利待遇

1. 社会保险

养老保险、医疗保险（含生育）、失业保险、工伤保险这四类保险是我国劳动部门规定各类企业必须为员工提供的社会保险福利。除员工月工资外，企业为这部分保险支付相当于工资额的10%~20%。有些效益较高的企业还为员工提供牙医保险、家庭财产险、重大伤残保险等。部分有海外雇员的公司还在聘用合同中承诺为这些雇员的配偶、未成年子女提供医疗、伤残等各类保险。

2. 住房公积金

随着国家推行货币化分房制度的开展，企业改实物分房为货币分房，住房津贴按月随工资发放，建立住房公积金，提供住房低息贷款已成为企业为员工提供住房福利的新形式。

3. 交通费

企业为员工上下班提供交通福利，主要包括以下几种：企业提供交通工具接送员工上下班；企业按内部规定为员工报销上下班交通费；企业每月发放一定数额的交通补助费。

4. 工作午餐

企业为员工提供的免费或低价午餐。有的企业虽然不直接提供工作午餐，但提供一定数额的工作午餐补助费。

5. 有偿假期

有偿假期是指员工不来工作仍可取得收入的福利项目，主要包括以下几种：

（1）产假、病（工伤）假、事假、探亲假、婚假、丧假等国家法定员工依法取得缺勤收入的福利待遇。

（2）公休，是指员工根据企业的规章制度，经上级领导同意，一年中可以享有若干天的有薪假期。企业一般根据种种条件，规定员工每年有5天至14天的公休假期。

（3）法定节假日，国务院规定中国公民依法享有的包含春节、国庆节等的10天节日假。有些企业还根据自己的实际情况设定了一些节假日，如中秋节、端午节、厂（司）庆日等。

6. 培训

随着企业对优秀人才和合格员工的渴求，不少企业已明确提出"培训是员工最大福利"，不断加强对员工培训的投入。目前跨国公司的培训投入费用一般占到年销售收入的 0.5%~2%，并且这个比例仍有上升的趋势。相信国内的企业在未来若干年的发展历程中，必将越来越重视培训的投入和产出。

第二节　企业社会保险

　　社会保险即社保，是社会保障制度的一个最重要的组成部分，是国家通过立法强制建立的社会保险基金，对参加劳动关系的劳动者在丧失劳动能力或失业时给予必要的物质帮助的制度。社会保险不以营利为目的，主要是通过筹集社会保险基金，并在一定范围内对社会保险基金实行统筹调剂至劳动者遭遇劳动风险时给予必要的帮助，社会保险对劳动者提供的是基本生活保障，只要劳动者符合享受社会保险的条件，即或者与用人单位建立了劳动关系，或者已按规定缴纳各项社会保险费，即可享受社会保险待遇。社会保险是社会保障制度中的核心内容。

　　目前我国社保主要分为企业社会保险、居民社会保险、灵活就业人员社会保险三大类型。今天我们首先来了解一下什么是企业社会保险？企业社会保险包括哪些。

一、企业社会保险是什么？

　　企业社会保险简称企业社保，又称公司社保，与居民社会保险是两个概念，其是指企业职工参加的社保险种。现行我国社会保险法规定，用人单位必须按照规定为员工参加企业社会保险，且按时足额地缴纳社会保险费用。如用人单位未按时足额缴纳社会保险费，由社会保险费征收机构责令限期缴纳或者补足，并自欠缴之日起，按日加收万分之五的滞纳金；逾期仍不缴纳的，由有关行政部门处欠缴数额一倍以上三倍以下的罚款。

二、企业社会保险包括哪些？

　　目前我国企业社会保险包括企业养老保险、企业医疗保险、失业保险、生育保险与工伤保险五个险种。2017年生育保险和职工基本医疗保险合并。

（一）基本养老保险费

基本养老保险费纳费人具体包括国有企业、城镇集体企业、外商投资企业、城镇私营企业和其他城镇企业及其职工，城镇个体工商户及其从业人员，实行企业化管理的事业单位及其职工和自由职业者、农民合同工。

基本养老保险缴费：企业单位坚持社会统筹与个人账户相结合原则，保险费由单位和职工共同负担。其中，企业社会统筹部分缴费比例为企业工资总额的20%左右，职工个人缴费费率为8%。自由职业人员、城镇个体工商户业主及解除劳动关系后续缴费人员缴费率为20%。事业单位对费率的规定因地区不同而各不相同，具体由社保经办机构核定。

（二）失业保险费

失业保险费纳费人具体包括国有企业、城镇集体企业、外商投资企业、城镇私营企业和其他城镇企业及其职工、事业单位及其职工。

失业保险缴费：用人单位按照本单位工资总额的2%缴纳失业保险费，用人单位职工按照本人工资的1%缴纳失业保险费。

（三）医疗保险（含生育）

医疗保险（含生育）费纳费人：国有企业、城镇集体企业、外商投资企业、城镇私营企业和其他城镇企业及其职工，国家机关及其工作人员，事业单位及其职工，民办非企业单位及其职工，社会团体及其专职人员。

医疗保险（含生育）缴费：基本医疗保险实行社会统筹和个人账户相结合原则，保险费由用人单位和职工双方共同负担。用人单位缴费一般为职工工资总额的12.8%左右，个人缴费为本人工资的2%左右。个人缴费全部计入个人账户，用人单位缴费的30%左右划入个人账户，其余部分用于建立统筹基金。

（四）工伤保险费

工伤保险费纳费人：国有企业、城镇集体企业、外商投资企业、城镇私营企业和其他城镇企业。

工伤保险缴费：工伤保险费由企业缴纳，实行行业差别费率，征收标准为企业全部职工工资总额乘以行业差别费率，目前平均工伤保险费率一般不超过1%。

社会保险是用人单位向职工提供的福利，是职工工作和生活的基本保障之一。因此，企业需要每月支出一笔费用，称为企业社会保险费。我国法律明确规定了企业、员工都应当依法按时足额缴纳社会保险费用。

第三节　住房公积金

住房公积金，是指国家机关、国有企业、城镇集体企业、外商投资企业、城镇私营企业及其他城镇企业、事业单位、民办非企业单位、社会团体及其在职职工缴存的长期住房储金。

2011年，住房和城乡建设部联合各个部门，修订公积金条例，放开个人提取公积金用于支付住房租金的规定。2013年部分城市出台办法，允许患有重大疾病的职工或其直系亲属提取公积金救急。2014年，三部门发文，取消住房公积金个人住房贷款保险、公证、新房评估和强制性机构担保等收费项目，减轻贷款职工负担。2015年，《住房公积金管理条例》规定，职工和单位住房公积金的缴存比例均不得低于5%，不得高于12%。2016年2月21日起，职工住房公积金账户存款利率调整为统一按一年期定期存款基准利率执行，上调后的利率为1.5%。

住房公积金只在城镇建立，农村不建立住房公积金制度。只有在职职工才建立住房公积金制度。无工作的城镇居民、离退休职工不实行住房公积金制度。住房公积金由两部分组成，一部分由职工所在单位缴存，另一部分由职工个人缴存。职工个人缴存部分由单位代扣后，连同单位缴存部分缴存到住房公积金个人账户内。住房公积金缴存具有长期性。住房公积金制度一经建立，职工在职期间必须不间断地按规定缴存，除职工离退休或发生《住房公积金管理条例》(以下简称《条例》)规定的其他情形外，不得中止和中断。因此，住房公积金具有稳定性、统一性、规范性和强制性。

住房公积金是职工按规定存储起来的专门用于住房消费支出的个人住房储金，具有积累性和专用性。同时，住房公积金具有保障性，建立职工住房公积金制度，为职工较快、较好地解决住房问题提供了保障；互助性，建立住房公积金制度能够有效地建立和形成有房职工帮助无房职工的机制和渠道，而住房公积金在资金方面为无房职工提供了帮助，体现了职工住房公积金的互助性；长期性，每一个城镇在职职工自参加工作之日起至退休或者终止劳动关系的这一段时间内，都必须缴纳个人住房公积金；职工所在单位也应按规定为职工补助缴存住房公积金。

住房公积金还具有普遍性：城镇在职职工，无论其工作单位性质如何、家庭收入高低、是否已有住房，都必须按照《条例》的规定缴存住房公积金；强制性（政策性）：单位不办理住房公积金缴存登记或者不为本单位职工办理住房公积金账户设立的，住房公积金的管理中心有权力责令限期办理，逾期不办理的，可以按《条例》的有关条款进行处罚，并可申请人民法院强制执行；福利性：除职工缴存的住房公积金外，单位也要为职工缴纳一定的金额，而且住房公积金贷款的利率低于商业性贷款；返还性：职工离休、退休，或完全丧失劳动能力并与单位终止劳动关系，户口迁出或出境定居等，缴存的住房公积金将返还职工个人。

第四节　企业福利的运用及其法律风险防控

企业福利的表现形式可以有多种分类方法，但是每一种类型的员工福利在为企业发展创造机会的同时都有可能带来风险，监管不当，时机不对，企业员工福利计划方案设计不全面，都会产生负面影响。

一、员工福利风险识别方法

（一）根据员工特点，企业高级管理人员和普通员工的福利风险不同福利对不同员工具有普惠性，从企业高级管理人员到基层员工，都有一定的福利津贴。然而，一些企业高管可以享受各种形式、高水平的福利待遇，如带薪休假等，普通员工则可能会存在"休不起假"现象。如果上述现象存在，企业高管很可能失去竞争力和进取精神，而普通员工则长期处于疲劳期，没有时间休息，工作效率降低。

（二）根据员工福利供应模式，福利项目分为直接提供和外包的风险

目前，企业员工福利项目主要有直接提供和福利外包两种供应模式，但无论哪种模式，在实施过程中都存在员工福利管理风险。由于福利项目外包是近年来新兴的供应模式，各行各业都更加关注外包风险。

直接提供是指传统福利项目由企业直接提供，包括法定福利中的社会保险和企业自由控制的非法定福利项目。福利费用主要来自企业内部集资，然而，企业直接提供的福利项目也存在许多问题，如缺乏公平性，员工无法区分福利和工资，管理成本高。

福利项目外包可以降低企业的管理成本，让员工接受更专业的服务。但在外包市场不成熟的情况下，外包商的专业资质、服务水平和购买合同的合法性都存在风险。同时，外包商也可以利用信息的不对称性来选择福利"逆向选择行为"等。这使得原本仅限于双方的福利项目由于第三方的介入，产生了更多来自企业外部的福利项目、外包市场的管理风险。

（三）根据员工福利项目，补充医疗、养老保险和员工培训都存在风险

随着员工福利项目设计的成熟和完善，一些企业开始出现用于改善员工福利的员工福利基金。小型员工福利基金通常是收付实现制，不存在贬值风险，但是，如果涉及大量资金，如补充医疗保险和养老保险，则应依靠市场化运作或向保险公司团购保险。市场化运作和预期收益的不确定性容易产生信用风险、经营风险和基金保值增值风险。

培训等人力资源投资的福利风险体现在人才流失和难以达到预期效果的风险中，员工培训作为一种福利，不仅增加了员工的技能，也成了他们跳槽的资本，给企业造成了福利损失。同时，如果员工对培训懈怠、轻视，加上

缺乏评价培训效果的有效手段，使培训效果存在效率低下的风险。

二、如何规避员工福利风险

雇主与雇员之间沟通关系、双向互动的最好方法是激发潜能，在提高工作效率的同时，体现企业的人文关怀。员工福利管理存在一定的风险，需要企业乃至政府的干预，制订全面的福利风险管理计划，应对潜在的员工福利风险。

可以按照员工的岗位分类，设计个性化员工福利项目，与企业产品设计相同，不同的是员工福利项目的设计需要结合"潜在客户"，适当满足员工的个性化需求。福利项目的调整和更新不仅是数量的增加，而且是结构性的调整，反映了层次特征。对于企业高管来说，再多的福利津贴，也只是"锦上添花"。为了激发企业高管的工作热情，可以通过福利计划改变生活方式和消费结构，如培养高管兴趣爱好，在刺激高管消费需求的基础上，保证其工作热情。对于普通员工的福利项目，则需要贴近员工的日常生活，在细节上展现员工福利的效用。例如，为离公司远的员工提供班车。同时，在两者层次化的基础上，将边界控制在一定范围内，设计既面向全体员工，又有方向性激励措施的福利项目。

还可以给员工提供多样化的福利。员工福利计划可由企业内部人力资源管理部门直接提供，也可外包给专业服务公司。例如，灵活和物质的、能够反映企业特点的福利项目可以由企业直接提供，专业服务则可以委托给专业服务组织。制订计划时，首先要通过问卷、有针对性的访谈和其他方法，了解员工的实际需求，然后根据员工的不同需求确定供应模式。福利项目实施前，还应以听证会或试点实施的形式征求员工意见，发现实际操作中的问题，进一步完善福利项目。

最后，员工福利基金管理的市场化运作有一定的风险。企业需要保持福利基金的价值和增值，引入市场化运作，利用基金投资收益开发员工福利项目，这样有效地减轻了企业的成本负担。然而，外部经济环境的不确定性，市场实践不足，导致福利基金市场化运作存在一定的投资风险，这就需要政府适当干预员工福利计划，加强对资本投资经营过程的监控，加强包括企业员工福利基金在内的基金经营政策和法律法规的建立，建立市场信用体系，规范投资行为；企业也应制订员工福利基金财务计划，设立专职部门或人员进行投资管理，认真选择各种投资工具，实现基金保值增值。

第六章
有关工作时间和休假管理的实务

第一节　我国劳动立法框架下工作时间的认定

工作时间，又称法定工作时间，是指劳动者为履行工作义务，在法定限度内，在用人单位从事工作或者生产的时间。它具有以下特点：

（1）工作时间是劳动者履行劳动义务的时间。根据劳动合同的约定，劳动者必须为用人单位提供劳动，劳动者提供劳动的时间即为工作时间。劳动时间有工作小时、工作日和工作周三种，其中工作日即在一昼夜内的工作时间，是工作时间的基本形式。

（2）工作时间不限于实际工作时间。工作时间的范围，不仅包括作业时间，还包括准备工作时间、结束工作时间以及法定非劳动消耗时间。其中，法定非劳动消耗时间是指劳动者自然中断的时间、工艺需中断时间、停工待活时间、女职工哺乳婴儿时间、出差时间等。此外，工作时间还包括依据法律、法规或单位行政安排离岗从事其他活动的时间。

（3）工作时间是用人单位计发劳动者报酬的依据之一。劳动者按照劳动合同约定的时间提供劳动，即可以获得相应的工资福利待遇。加班加点的，可获得加班加点工资。

（4）工作时间的长度由法律直接规定，或由集体合同或劳动合同直接规定。工作时间分为标准工作时间、计件工作时间和其他工作时间。标准工作时间，是指国家法律规定的，在正常情况下，一般职工从事工作或者劳动的时间。国家实行劳动者每日工作时间不超过8小时、平均每周工作时间不超过44小时的工作制度。计件工作时间，是指以劳动者完成一定劳动定额为标准的工作时间。对实际计件工作的劳动者，用人单位应当根据《中华人民共和国劳动法》的有关规定合理地确立劳动定额和计件报酬标准。其他工作时间，是指用人单位因自身特点不能实行标准工作时间的，经劳动行政部门批准，可以实行的其他工作时间。主要有在特殊情况下，对劳动者缩短工作时间，或分别以周、月、季、年为周期综合计算工作时间长度，或采取每日没有固定工作时数的工时形式等。

（5）劳动者或用人单位不遵守工作时间的规定或约定的，要承担相应的法律责任。

《中华人民共和国劳动法》第三十六条对劳动者的工作时间作了明确的规定：国家实行劳动者每日工作时间不超过八小时、平均每周工作时间不超过四十四小时的工时制度。第三十七条规定，对实行计件工作的劳动者，用人单位应当根据本法第三十六条规定的工时制度合理确定其劳动定额和计件报酬标准。第三十八条规定，用人单位应当保证劳动者每周至少休息一日。第三十九条规定，企业因生产特点不能实行本法第三十六条、第三十八条规定的，经劳动行政部门批准，可以实行其他工作和休息办法。

同时，《国务院关于职工工作时间的规定》第五条也作了明确规定：因工作性质或者生产特点的限制，不能实行每日工作8小时、每周工作40小时标准工时制度的，按照国家有关规定，可以实行其他工作和休息办法。第六条规定，任何单位和个人不得擅自延长职工工作时间。因特殊情况和紧急任务确需延长工作时间的，按照国家有关规定执行。

按照《中华人民共和国劳动法》和《国务院关于职工工作时间的规定》，我国实行劳动者每日工作八小时，每周工作四十小时这一标准工时制度。但是，有些企业因工作性质和生产特点不能实行标准工时制度的，在保证劳动者每日工作时间不超过八小时，平均每周工作时间不超过四十小时的基础上，实行每周六天工作制。

事实上，工作时间的范畴既包括劳动者实际工作的时间，也包括劳动者某些非实际工作时间。例如，劳动者工作前的准备时间，下班前后的交接时间，工间歇息时间，排除动力、设备故障的短暂停工时间，女职工哺乳未满一周岁婴儿的哺乳时间，出差时间，接受与工作有直接关系的具有义务性质的教育时间，依法参加相关社会活动的时间等。

工作时间立法有利于劳动者身体健康,实现其休息权;也有利于调动职工的生产积极性,提高工作效率和劳动生产率;更有利于促进充分就业,促进经济发展。

二、工作周和工作日

工作时间一般包括工作周和工作日两种。

工作周是指法律规定的劳动者在一周内从事劳动和工作的时间,工作周以日历周为计算单位,1年内有52个工作周。自1995年5月1日起,根据国务院《关于修改〈国务院关于职工工作时间的规定〉的决定》第三条(1995年3月25日发布)规定,实行职工每周工作5天、40小时工作周制度。

工作日又称劳动日,是指法律规定的劳动者在一昼夜内工作时间的长度(小时数)。它是以日为计算单位的工作时间。工作日是计算出勤率、工资标准、工资定额、工作效率的基础。

根据《中华人民共和国劳动法》和《国务院关于职工工作时间的规定》以及《关于修改〈国务院关于职工工作时间的规定〉的决定》,我国实行的工作日的种类主要有标准工作日、缩短工作日、延长工作日、不定时工作日。

(一)标准工作日

标准工作日是指由法律规定的,在正常情况下普遍实行的法定工作日。国务院《关于修改〈国务院关于职工工作时间的规定〉的决定》第三条规定,我国的标准工作日为每日工作8小时,即8小时工作制。

标准工作日的主要特点是:

(1)以正常情况作为其适用条件;

(2)普遍适用于一般职工;

(3)按正常作息办法安排工时,属于均衡工作制;

(4)标准工作日是我国工时制度立法的基础,也是计算其他工作日种类的依据。

(二)缩短工作日

缩短工作日是指在特殊条件下实行的工作时间少于标准工作日时数的工

作日。它的目的是保护在严重有害健康和劳动条件恶劣的情况下工作的劳动者的身体健康以及对女工和未成年工实行特殊保护。

我国目前允许实行缩短工作日的劳动者有以下几种：

（1）从事矿山、井下、高山、有害有毒、特别繁重或过度紧张等作业的劳动者，其工作日的时数少于八小时。

（2）从事夜班工作的劳动者。

（3）哺乳期内的和怀孕的女职工。

（4）未成年工。

（三）延长工作日

延长工作日是指法律规定在特殊条件下实行的超过标准工作日长度的工作日。它适用于从事受自然条件或技术条件限制的季节性作业的职工，并且只能在一年中的某段时间（如忙季）实行；以后（如淡季）应当以实行缩短工作日或者补休的方式，抵补超过标准工作日长度的工时。

（四）不定时工作日

不定时工作日是指每天没有固定工作时间限制的工作日，主要适用于一些因工作性质或工作条件不受标准工作时间限制的工作。根据我国现行的相关法规，因工作性质和工作职责限制，需要实行不定时工作制的，职工平均每周工作时间不得超过40小时。

除此之外，用人单位还延长工作时间。

延长工作时间是指劳动者的工作时数超过法律规定的标准工作时间。延长工作时间包括加班和加点。加班，是指职工按照用人单位的要求，在法定节日或周休息日从事生产或工作。加点，是指职工按照用人单位的要求，在标准工作日以外继续从事生产或工作。我国法律规定，禁止安排未成年人、怀孕女工和哺乳未满12个月婴儿的女职工在正常工作日以外加班、加点。《中华人民共和国劳动法》还规定，延长工作时间应当以"生产经营需要"为条件，但未明确规定"生产经营需要"的具体情形。用人单位由于生产需要而安排延长工作时间的，应当事先与工会和劳动者协商。《中华人民共和国劳动法》第四十一条还规定：用人单位由于生产经营需要，经工会和劳动者协商后可以延长工作时间，一般每日不超过 1 小时，由于特殊原因需要延长工作时间的，在保障劳动者身体健康的条件下延长工作时间，每日不得超过 3 小时，但是每月不得超过 36 小时。

除了一般情况下延长工作时间的规定外，《中华人民共和国劳动法》还规定了在特殊情况下，如果出现了危及国家财产、集体财产和人民生命安全的紧急事件，延长工作时间不受《中华人民共和国劳动法》第四十一条的限制，即不受一般情况下延长工作时间的条件和法定时数的限制。

特殊情况包括发生自然灾害、事故或者因其他原因，威胁劳动者生命健康和财产安全，使人民的安全健康和国家财产遭到严重威胁，需要紧急处理的；生产设备、交通运输线路、公共设施发生故障，影响生产和公共利益，必须及时抢修的；法律、行政法规规定的其他情形等。

我国现行法律法规关于延长工作时间的补偿，兼有职工利益补偿和限制延长工时的双重功能。我国现行的延长工作时间补偿有两种主要形式，即补休和支付加班加点工资。对于法定节假日以外延长工作时间的，应当优先采用补休的形式。

关于加班加点工资的发放标准，《中华人民共和国劳动法》第四十四条规定：有下列情形之一的，用人单位应当按照下列标准支付高于劳动者正常工作时间工资的工资报酬：

（1）安排劳动者延长工作时间的，支付不低于工资的 150% 的工资报酬；

（2）休息日安排劳动者工作又不可能安排补休的，支付不低于工资的 200% 的工资报酬；

（3）法定休假日安排劳动者工作的，支付不低于工资的 300% 的工资报酬。

2008 年 1 月 3 日，劳动和社会保障部下发了《关于职工全年月平均工作时间和工资折算问题的通知》（以下简称《通知》），根据《全国年节及纪念日放假办法》的规定，劳动者的制度工作时间（即全年总天数减去休息日及法定节假日）由此前的 251 天减少为 250 天，则每月工作日由目前的 20.92

天调整为 20.83 天。

《通知》提出"月计薪天数"的概念,用以计算日工资、小时工资,而上文提到的节假日加班三薪、公休日加班双薪正是以日工资、小时工资为计算基数的。《通知》明确指出,按照《中华人民共和国劳动法》第五十一条的规定,法定节假日用人单位应当依法支付工资。也就是说 11 个节假日都应计薪,除去不计薪的 104 个双休日,月计薪天数应为(365-104)/12,即 21.75 天,再由月工资收入除以 21.75 得出日工资水平,以此为基数计算加班工资。

第二节　我国劳动立法框架下休假类型的认定

休息休假是指劳动者在国家规定的法定工作时间外自行支配的时间,包括劳动者每天休息的时数、每周休息的天数、节假日、年休假、探亲假等。

一、劳动者的休息休假种类

休息休假是劳动者的基本权利之一,共分为以下 10 种:休息日;法定节假日;事假;病假;社会活动假;带薪年休假;婚假;产假;探亲假及丧假。

二、各类休息休假

(一)休息日

劳动法规定用人单位应当保证劳动者每周至少休息 1 日,休息 1 日还是 2 日,是周六、周日休还是怎么样,用人单位可以灵活安排,但是每周的平均工作时间不得长于 44 个小时。一般情况是做 5 休 2,即周六、周日休息的双休制度。

(二)法定节假日(全国年节及纪念日放假办法)

1. 全体公民放假的节日

(1)新年,放假 1 天(1 月 1 日);

(2)春节,放假 3 天(农历除夕、正月初一、初二);

(3)清明节,放假 1 天(农历清明当日);

（4）劳动节，放假1天（5月1日）；

（5）端午节，放假1天（农历端午当日）；

（6）中秋节，放假1天（农历中秋当日）；

（7）国庆节，放假3天（10月1日、2日、3日）。

2. 部分公民放假的节日及纪念日

（1）妇女节（3月8日），妇女放假半天；

（2）青年节（5月4日），14周岁以上的青年放假半天；

（3）儿童节（6月1日），不满14周岁的少年儿童放假1天；

（4）中国人民解放军建军纪念日（8月1日），现役军人放假半天。

全体公民放假的假日，如果适逢星期六、星期日，应当在工作日补假。部分公民的假日，如果适逢星期六、星期日，则不补假。全体公民在假日安排工作的应发3倍工资。

（三）事假

事假一般是员工因私事向用人单位申请，并经单位批准的假期。单位可以不支付工资，当然也可支付工资，那要看单位的规章制度。

（四）病假与医疗期

病假是指劳动者本人因患病或非因工负伤，需要停止工作医疗时，企业应该根据劳动者本人实际参加工作年限和在本单位工作年限，给予一定的医疗假期。病假的长短需根据劳动者的病情而定。

医疗期是指企业职工因患病或非因公负伤停止工作治病休息不得解除劳动合同的时限，医疗期的长短有法定标准。

（五）社会活动假

社会活动假是指在工作期间，依法参加社会活动所享受的假期，例如：行使选举权、出席会议、担任人民陪审员等，正常支付工资。

（六）带薪年休假

员工每年享有的保留工作和工资的连续休假，依据《职工带薪年休假条例》有关规定执行。

（1）享受的条件：职工连续工作1年以上即可享受。

（2）不享受的条件：①职工依法享受寒暑假，其休假天数多于年休假天数的；②职工请事假累计20天以上且单位按照规定不扣工资的；③累计工作满1年不满10年的职工，请病假累计2个月以上的；④累计工作满10年不满20年的职工，请病假累计3个月以上的；⑤累计工作满20年以上的职工，请病假累计4个月以上的。

（3）休假时间：职工累计工作已满1年不满10年的，年休假5天；已满10年不满20年的，年休假10天；已满20年的，年休假15天。国家法定休假日、休息日不计入年休假的假期。

（七）婚假

按照2022年最新规定，按法定结婚年龄——女20周岁，男22周岁——结婚的，可享受3天婚假。符合晚婚年龄——女23周岁，男25周岁——结婚的，可享受晚婚假15天（含3天法定婚假）。结婚时男女双方不在一地方工作的，可视路程远近，另给予路程假。在探亲假（探父母）期间结婚的，不另给假期。婚假包括公休假和法定假。再婚的可享受法定婚假，不能享受晚婚假。在婚假和路程假期间工资照发，也就是说，带薪休假。当婚假中包含法定假或公休假的时候，照常只享受婚假，婚假结束后，即刻回到工作岗位，所包含的法定假或公休假不再顺延。根据《中华人民共和国民法典》及《中华人民共和国人口与计划生育法》的规定，婚假应包括周末在内的。婚假虽然也是国家统一规定的，但并不属于《全国年节及纪念日放假办法》中的：全体公民的假日，故遇上周末的不用补假。所以婚假天数包括周末的。

（八）产假基本假

不少于90天，产前休息5天产后75天。多胎的多15天，晚育：增加产假60天。并给予男方护理假7天。增加的婚假、产假、护理假，视为出勤，工资照发，福利待遇不变。

（九）探亲假

国家机关、人民团体、全民所有企业事业单位工作满一年的固定职工，探望配偶的1年30天,未婚探望父母的一年20天,已婚探望父母的4年一次20天。

(十)丧假

直系亲属死亡时,直系亲属包括配偶1~3天,一般3天,限定是国有企业职工。

第三节 标准工时制及其判定

标准工时制度,也称标准工作制度,是由立法确定一昼夜中工作时间长度,一周中工作日天数,并要求各用人单位和一般职工普遍实行的基本工时制度。标准工时制是标准和基础,是其他特殊工时制度的计算依据和参照标准。因此标准工时制是各国劳动立法中的重要内容。

随着社会的发展,标准工时制中的标准在不断发展和提高。根据《国务院关于职工工作时间的规定》,我国目前实行的是每日工作8小时、每周工作40小时的标准工时制。任何单位和个人都不得擅自延长职工的工作时间。

这一制度与《中华人民共和国劳动法》的规定有些不同。《中华人民共和国劳动法》第三十六条规定:"国家实行劳动者每日工作时间不超过八小时,平均每周工作时间不超过四十四小时的工时制度。"显然在这里每周工作时间的上限多了四个小时。如何看待这多出来的四小时呢？根据劳动部《关于职工工作时间有关问题的复函》(劳部发〔1997〕271号)的有关规定,如果用人单位安排的工作时间每周超出40小时但不足44小时,不作为延长工作时间处理,但是劳动行政部门有权要求用人单位改正。因此,虽然这在4小时内用人单位不须向员工支付加班工资,但这只能作为特殊或偶然的情况对待,用人单位不应将每周工作44小时作为计算加班工资的基础,否则,劳动部门有权要求用人单位改正并按每周工作40小时的标准执行。

自从《中华人民共和国劳动法》及相关的基准性法规、规章出台以来,有关标准工时的基准制度一直受到质疑,实施效果远未达到立法初衷。因此，标准工时制的判定对实现权利义务关系规范化，明晰劳动者主张权利的方式和途径均有非常重要的实际价值。

工时制度对于工作时间和休息时间的划分，不仅影响着劳动者的工作权和劳动报酬，也影响着劳动者的休息权及健康权。关于企业的标准工时应如何设置，应当继续沿用《国务院关于职工工作时间的规定》确定的每日8小时、每周40小时基准，还是遵从《中华人民共和国劳动法》规定的每日8小时、每周44小时的基准？虽然有观点认为《中华人民共和国劳动法》已在2009年修订，依据上位法优于下位法、新法优于旧法的原则每周44小时仍然合法，但劳动仲裁和司法审判尺度明显均以每周40小时为标准。这也为职工维护合法权益提供了更有力的法治保障、维护社会主义法制的统一提供了更好的裁定标准。

第四节　非标准工时制度的特点与注意事项

非标准工时包含不定时工时和综合工时。其中，不定时工作时间，又称不定时工作制，是指无固定工作时数限制的工时制度。适用于工作性质和职责范围不受固定工作时间限制的劳动者。如企业中的高级管理人员、外勤人员、推销人员、部分值班人员，从事交通运输的工作人员以及其他因生产特点、工作特殊需要或职责范围的关系，适合实行不定时工作制的职工等。综合计算工作时间，又称综合计算工时工作制，是指以一定时间为周期，集中安排并综合计算工作时间和休息时间的工时制度，即分别以周、月、季、年为周期综合计算工作时间，但其平均日工作时间和平均周工作时间应与法定标准工作时间基本相同。非标准工时制度允许在确定的工作职责、工作任务下，自由安排工作时间和休息时间，或在工作时间内弹性安排工作等，其特点是弹性工作、弹性休息。

非标准工时制也叫作特殊工时制，其特殊性可以从行业和职位的特殊上来衡量。

首先是行业的特殊性。从劳动部规定的可以实行综合计算工时工作制的三类职工看,其行业的特殊性比较明显,这些行业具有工作的连续性或者受自然、季节等客观因素影响比较大。其工作的连续性表现在不可间断上,而这种不可间断具有时空的双重性。比如纺织厂的纺纱机和织布机,是24小时运转不间断的,但是它的操作完全可以、也确实实行了标准工作时间,而交通、铁路、海运等的连续工作,不仅有时间上的连续性,在空间概念上也同时具有与时间同步的拓展性,所以只有受时间和空间双重的制约,才能符合适用非标准工时制的特殊性。受制于自然和季节的情况,则表现在客观性的影响因素,也就是必须排除主观的、人为可以调整和控制的因素。

其次是职位的特殊性。不定时工时制适用的人员具有职位、岗位的特殊性,这种特殊性表现在:一类是可以考核工作量但不能考核工作时间的,比如外勤、销售等人员;另一类是既无法考核工作量也无法考核工作时间的,比如企业的高层管理人员。对于前一类人员的另一个参考标准是,他们的工资收入往往是以完成一定工作量为计算单位的,而后一类人员,一般可以理解为实行年薪制的人员。这两种职位人员的工资和工时之间是互为前因后果的,也就是说,实行不定时工时的人员须实行计件工资制或年薪制,实行计件工资制或年薪制的人员才可以适用不定时工时制。所以对因职位的特殊性而实行不定时工时制的人员所制订的实施方案中,应当考察其工资结算的方式以及休息、休假的安排。

特别需要注意的是,要防止非标准工时制适用的异化。工时制度是一项基本的劳动标准,在具体的执行过程中,必须坚持劳动法保障劳动者合法权益的宗旨,严格执行标准工时制度,凡是能够实行标准工时制的就必须适用标准工时,超过标准工时的,必须依法操作并依法支付劳动者加班加点工资。

对非标准工时制的审批要严格掌握,不能随意扩大执行范围,尤其是同城应该同策,坚决杜绝各行其是的行政审批行为。严格界定综合计算工时和不定时工作制的适用范围和对象。对实行综合计算工时工作制的人员，必须依照劳动法的规定，在一个计算周期内其平均日工作时间和平均周工作时间应与法定标准工作时间基本相同，超过部分应依法支付劳动者加班加点工资。对实行不定时工作制的，应该有明确的休息和休假制度。

企业对于非标准工时制的执行标准方案一定要经公示，经职工代表大会或者职工大会通过或集体协商等形式，充分听取工会组织和职工的意见后，劳动部门才能受理审批。非标准工时制的执行方案应当包括工作和休息两个方面，不能只有工作没有休息，休息和工作相结合才能构成完整的工时制度。

第五节　年休假制度的实务认知

对于劳动者，除了国家法定休假日（元旦、春节、清明节、劳动节、端午节、中秋节、国庆节）和休息日，还包括《职工带薪年休假条例》规定的可以享有的年休假。关于年休假，目前主要的法律法规依据是自2008年1月1日起施行的《职工带薪年休假条例》及自2008年9月18日起施行的《企业职工带薪年休假实施办法》。本节将主要依据上述法律规定，就实务操作中可能遇到的年休假相关问题进行介绍分析。

一、带薪年休假的适用

依据《职工带薪年休假条例》第三条的规定，职工累计工作满1年的，即可享受年休假。结合2009年4月15日人力资源和社会保障部就上海市人力资源和社会保障局《关于〈企业职工带薪年休假实施办法〉若干问题的请示》（沪人社福字〔2008〕15号）给予的回函，对该规定作两点解释：

（1）这里的工作满一年，即包括职工在同一用人单位连续工作满12个月以上的情形，也包括职工在不同用人单位连续工作满12个月以上的情形；
（2）累计工作时间包括职工在机关、团体、企业、事业单位、民办非企业单位、有雇工的个体工商户等单位从事全日制工作期间，以及依法服兵役和其他按照国家法律、行政法规和国务院规定可以计算为工龄的期间（视同工作期间）。职工的累计工作时间可以根据档案记载、单位缴纳社保费记录、劳动合同或者其他具有法律效力的证明材料确定。

而在实践操作中，常常遇到已经满足享受年休假的职工在新进用人单位时的休假问题。对此，《企业职工带薪年休假实施办法》第五条明确规定：此类新进职工当年度年休假天数，按照在本单位剩余日历天数折算确定，折算后不足1整天的部分不享受年休假。折算方法为：（当年度在本单位剩余日历天数÷365天）× 职工本人全年应当享受的年休假天数。

此外，即使职工满足上述条件，如果存在法定情形，也不能享受当年度的带薪年休假。这些法定情形主要有：（1）职工依法享有寒暑假，其休假天数多于年休假天数的；（2）职工请事假累计20天以上且单位按照规定不扣工资的；（3）累计工作满1年不满10年的职工，请病假累计2个月以上的；（4）累计工作满10年不满20年的职工，请病假累计3个月以上的；（5）累计工作满20年以上的职工，请病假累计4个月以上的。

二、带薪年休假的安排

首先在年休假的安排上，用人单位享有自主权，法律不进行强制性规定，但是用人单位在安排时应当注意以下两点：（1）根据企业实际情况安排；（2）在安排时要考虑员工本人的意愿。

在年休假的安排方式上：（1）可以根据企业实际灵活安排，或集中使用，或分段使用；（2）年休假一般应当在当年休完，不跨年度安排；（3）如因生产、工作特点确有必要跨年度安排职工年休假的，可以跨年度安排，但只能跨一个年度。

如果用人单位确因工作需要不能安排职工休年休假的，必须经过职工本人的同意，同时用人单位还应当按照法定标准支付其年休假工资报酬。

三、年休假的工资报酬

年休假的工资报酬包括两个部分：一部分是与正常工作期间相同的工资

收入，另一部分是补偿工资。补偿工资的支付标准是日工资收入的300%。日工资收入按照职工本人的月工资除以月计薪天数（21.75天）进行折算。月工资是指职工在用人单位支付其未休年休假工资报酬前12个月剔除加班工资后的月平均工资。在本用人单位工作时间不满12个月的，按实际月份计算月平均工资。职工在年休假期间享有与正常工作期间相同的工资。实行计件工资、提成工资或者其他绩效工资制的职工，日工资收入的计发办法同上。

当用人单位与职工解除或者终止劳动合同时，当年度未安排职工休满应休年休假的，应当按照职工当年已工作时间折算应休未休年休假天数并支付未休年休假工资报酬，但折算后不足1整天的部分不支付未休年休假工资报酬。折算方法为：（当年度在本单位已过日历天数÷365天）×职工本人全年应当享受的年休假天数－当年度已安排年休假天数。用人单位当年已安排职工年休假的，多于折算应休年休假的天数不再扣回。

四、职工不休带薪年休假的处理

用人单位安排职工休年休假，但是职工由于本人原因不休年休假时，在操作处理时应当注意两点：一是必须是劳动者个人原因；二是必须劳动者书面提出不休年休假。然而，在实践中，劳动者即使由于个人原因不休年休假，个人以书面形式提出的可能性也微乎其微，这样的规定，在实践中很难具有操作性。但实践中确实也存在很多由于个人原因不休的情形，比如用人单位安排个人休息，个人为了三倍的年休假工资报酬或者其他个人的原因而不休，再比如劳动者提前30天通知用人单位解除劳动合同，在通知期内，劳动者有机会休年休假，但是劳动者未要求休，在这种情形下，劳动者均没有书面证明提出不休。对此，建议用人单位明确提醒或安排个人休假，如个人不休的话，则建议用人单位要求劳动者出具个人有机会休假而放弃休假的书面证明，此时，用人单位就掌握了职工由于个人原因自愿放弃休假的证据，就无须承担向劳动者300%支付年休假工资报酬的法定责任。

五、年休假应休未休的情况下,单位要承担的后果

根据年休假条例及实施办法,得出以下五个方面的结论:

(1)安排年休假的责任在单位,而非在员工。因此,单位因管理疏忽,可能会导致集中休假带来的影响工作,或没有及时安排休年假带来的支付3倍工资(含上班期间的正常收入,只需另多支付200%)的成本。

(2)如果职工由于个人原因且书面提出不休年休假的,用人单位可以只支付其正常工作期间的工资收入。也就意味着成本不增加,这个可是有操作空间。

(3)月工资的标准不含加班工资,与经济补偿金标准有所不同。单位要注意,避免导致成本增加。

(4)在这种情况下,计算日工资标准是按21.75天计算。单位也要注意,以避免导致成本增加。

(5)如果单位没有执行年休假条例及实施办法的规定,没有安排或没有足额安排年休假,也没有按规定支付报酬的,那么员工可以根据劳动争议仲裁法,通过劳动争议的途径维护自己的合法权益;而对单位更为不利的是,员工可以到离开单位的时候一并算入总账,索要这部分报酬,那单位损失就大了。

六、针对年休假的相关规定,作为企业应该如何面对?

给单位四个建议。

建议一:建议单位特别是申请了综合工时制的单位,建立员工的工作时间库(工时银行),和加班时间一起统筹考虑员工的工作时间,避免多休或少休的情况发生。

建议二:尽量利用春节放假、工作相对空闲的时候集中的全部或大部分的集体休年休假;也可以通过抵扣病事假的方式,当然对于这个抵扣要注意操作的方式。

建议三:对于离职的员工,在工作交接时,根据其应休年假和加班时间,给其休息时间,不用每天上班。这样既方便员工处理自己的事情,也方

便了公司操作,特别是有些岗位,可能还要刻意设置脱密期,其实这个时候,员工继续上班的效率已经打了折扣,还不如让其休假。

对于新员工来说,如果不是工作原因急需其来报到,可以让其在家休息几天后来公司报到,人为中断其连续12月的条件,这样就可以不用给予年休假了。

建议四:充分利用年休假的限制性条款:包括本人写书面的报告放弃,包括条例第四条的规定:职工有下列情形之一的,不享受当年的年休假:

(1)职工依法享受寒暑假,其休假天数多于年休假天数的;

(2)职工请事假累计20天以上且单位按照规定不扣工资的;

(3)累计工作满1年不满10年的职工,请病假累计2个月以上的;

(4)累计工作满10年不满20年的职工,请病假累计3个月以上的;

(5)累计工作满20年以上的职工,请病假累计4个月以上的。

其实对于年休假的规定,我们应给予和加班管理一样的足够的重视,不要存在侥幸心理,应该主动去实施管理,在维护员工权益的基础上,减少企业这方面的经营风险和成本,这个是我们HR的职责所在。

第六节 有关加班的管理及可能存在的争执的处理

企业要制定合法有效的企业规章制度,建立健全加班审批管理制度,严格加班申请流程。确因工作需要进行加班的,应由所在部门将加班申请交人力资源部审核后,报公司总经理批准后才可以加班,规定员工非因特殊情况未经批准不得擅自在公司加班。要求员工充分利用规定的工作时间完成工作量,提高工作效率,严格控制加班。并核准员工加班工资,实行加班与绩效考核相挂钩的薪酬制度,尽量避免不必要的加班。

同时,要正确计算劳动者的加班工资。在劳动合同中具体载明劳动者的工资数额,避免将来出现争议不清的状况。在发放工资时必须制定包含加班工资在内的工资对账结算单,由员工签字后才能领取当月各项工资。这样做的好处是有效保存了相关证据,避免了以后员工随便追索加班工资情况。

也可以利用调休取代休息日加班费。《中华人民共和国劳动法》规定,"休息日安排劳动者工作又不能安排补休的,支付不低于工资的百分之二百的工资报酬"。因此,如果用人单位安排劳动者休息日加班的,有权优先选择安排劳动者补休代替支付加班费。

在企业中,由于生产经营的需要,依法安排职工在休息日加班是常有的事情,但在加班过后,是应安排补休,还是支付加班费?《中华人民共和国劳动法》第四十四条规定,休息日安排劳动者工作又不能安排补休的,支付不低于工资的200%的工资报酬。由此可见,休息日安排劳动者工作,企业可以首先安排补休,在无法安排补休时,要支付不低于劳动者工资200%的加班费。也就是说,是安排补休还是支付加班费,由企业来决定,当企业能够安排职工补休时,职工应当服从。这既保护了劳动者的休息权,有利于职工的身体健康,也能够职工及时恢复体力投入新的工作。

但也不能一概而论,《中华人民共和国劳动法》对安排劳动者加班后的工资报酬问题规定了三种情形:安排劳动者延长工作时间的,支付不低于工资150%的工资报酬(平日);休息日安排劳动者工作又不能安排补休的,支付不低于工资200%的工资报酬;法定休假日安排劳动者工作的,支付不低于工资300%的工资报酬。上述三种情形中,法律规定第二种情形,即在休息日安排劳动者工作的,其待遇有两种选择,一是安排补休,二是支付不低于工资200%的加班工资。而在第一种和第三种情形下只能支付法律规定的加班工资报酬,不能以安排补休而不支付高于正常工作时间的加班工资。因为标准工作时间以外让劳动者平日、休息日、法定休假日进行加班,虽然都是占用了劳动者的休息时间,但三种情形下组织劳动者劳动是不完全一样的,法定休假日对劳动者来说,其休息具有比往常和休息日更为重要的意义,也影响劳动者的精神文体生活和其他社会活动,这是用补休的办法无法弥补的，因此，应当给予更高的工资报酬。可见，用人单位在遇到上述情况，安排劳动者工作时，应当严格按照《中华人民共和国劳动法》的规定办事。属于哪一种情况，就应执行法律对这种情况所作出的规定，不能相互混淆，不能相互代替。凡不允许代替而代替的，不管什么原因、什么理由都是违法的，都是对劳动者权益的侵犯，都应当依法予以纠正。

春节假期和国庆节假期加班，七天内待遇不同。法定节假日加班不能补休，只能发加班费。目前，我国的法定节假日是固定的。平时的休息日是可以调整的，只要一周至少安排2天休息，并符合工时规定即是合法。虽然春节和国庆节的7天假期都在"黄金周"之内，各大单位也都放假7天，但按照《中华人民共和国劳动法》规定，在计算劳动者加班工资时，计算方法不同。这7天是由两个部分组成的，即法定休假日和休息日。所谓休息日就是双休日，是常规的休息时间。两者性质不同，支付的加班工资标准也就不同了。所以，春节和国庆节的7天假期，头3天加班的劳动者，用人单位应按照规定支付加班工资；后4天加班的劳动者，是"补休"还是支付加班工资，企业说了算。

有些单位还在劳动合同、公司规章制度中约定了加班工资，即把本来属于职工工资的一部分划出来，说成固定的加班津贴，同时规定不论是平时晚上加点、双休日加班，还是法定节日加班都不再发放加班工资。这种看似支付了加班费的做法，其实违反了《中华人民共和国劳动法》。从《中华人民共和国劳动法》的角度看，加班工资是劳动者的法定报酬之一，用人单位不得以任何形式予以拒绝或克扣。以津贴形式"预定加班费"、每月固定发放，不符合国家关于加班工资的支付标准和支付方式。公司应当按每个职工实际加班的时间予以统计，并按国家规定支付加班工资。

另外，最低工资并不包含加班费。最低工资是指劳动者在法定工作时间内提供了正常劳动的前提下，其所在单位应支付的最低劳动报酬。它包括奖金，但不包含加班加点工资和中班、夜班、高温、低温、井下有毒有害等特殊工作环境和条件下的津贴，以及法律和国家规定的劳动者福利待遇等。有些企业故意笼统地向职工支付工资报酬，报酬总额看似不低，但由于加班时间长，扣除加班费后，实际工资往往低于最低工资标准，这是一种违法行为。最低工资是劳动者的最低保障水平，不是实际工资水平，也不是企业工资指导线和劳动力市场工资指导价。有些企业故意压低劳动者工资标准，按最低工资标准向劳动者支付工资，也是不合理的。

用人单位不能强迫劳动者加班。用人单位由于生产经营需要，经与工会和劳动者协商后可以延长工作时间，一般每日不得超过 1 小时，由于特殊原因需要延长工作时间的，在保障劳动者身体健康的条件下延长工作时间每日不得超过 3 小时，但是每月不得超过 36 小时。如果用人单位违反了上述规定，劳动者有权拒绝加班。但在特殊条件下，用人单位要求加班劳动者延长工作时间的，劳动者不能拒绝：一是发生自然灾害、事故或者由于其他原因，威胁劳动者生命健康和财产安全，需要紧急处理的；二是生产设备、交通运输线路、公共设施发生故障，影响生产和公众利益，必须及时抢修的；三是法律、行政法规规定的其他情形。

第七节　病假管理的分类、审核以及待遇

一、病假的分类

实践中，病假的情形千差万别，患病员工的情况也各不相同。对于病假的管理若想做到有的放矢，就需要区分各种情况进行管理。

病假可分为以下三大类型。

（一）客观病假

俗话说，"人吃五谷杂粮，难免一病"。基于劳动关系的存在，病假是员工依法享受的权利，也是企业获取员工的劳动力之后需要支付的对价之一。对于这类病假，无论休假时间的长短，企业都应当接受，这是法律对企业最基本的要求，更是企业的责任。

（二）虚假病假

实践中，有些劳动者抱有占便宜、侥幸心理，通过互联网、关系等购买虚假的病假单及相关资料，这类虚假病假是任何企业都不能接受的，同时也存在违法甚至犯罪的可能。这样的劳动者或者买卖病假资料者，人人喊打，需要追究肇事者的责任。对于这类病假，企业应当保持零容忍，按照企业依法制定的劳动规章制度及时给予惩处。

（三）小病大养

这是劳动双方因为病假冲突、纠纷的焦点问题。这类病假是绝大多数企业不能容忍的，但是在法律的范畴之内又不得不接受的。

典型的场景是：企业方面认为劳动者不需要病休，劳动者认为需要病休并主动向医生要求开具病休证明。接到写有"高血压、颈椎病、腰椎间盘突出、精神抑郁"等字样的病假单时，要分辨清楚，有一些的确存在小病大养的情况。

那么，如何处理这些病假问题呢？

"法"是病假管理的"内核"，是指病假管理应当遵守国家的法律法规政策，应当遵循企业依法制定的劳动规章制度，这是企业进行病假管理的起始点。

1. 什么是医疗期

医疗期，是指企业职工因患病或非因工负伤停止工作治病休息不得解除劳动合同的时限。

这里的"停止工作治病休息"以医疗机构的诊断建议为标准，专业的人做专业的事，专业的医疗机构负责证明员工是否需要"停止工作治病休息"，企业则负责审核医疗机构证明文件的真实性。

这里的"不得解除劳动合同"并非"护身符"，也不是绝对不能解除或终止劳动合同，当员工出现《中华人民共和国劳动合同法》第三十九条情形时，企业仍然可以解除劳动合同；当企业出现破产、解散等情形时仍然可依法终止劳动合同。

2. 医疗期的期限

医疗期的期限，目前主要有两种模式：上海模式、全国模式。

上海模式是指按照劳动者在本用人单位的工作年限设置。劳动者在本单位工作第 1 年，医疗期为 3 个月；以后工作每满 1 年，医疗期增加 1 个月，但不超过 24 个月。

那么还有一个概念是延长医疗期。劳动者经劳动能力鉴定委员会鉴定为完全丧失劳动能力但不符合退休、退职条件的，应当延长医疗期。延长的医疗期由用人单位与劳动者具体约定，但约定延长的医疗期与前条规定的医疗期合计不得低于 24 个月。

上海规定累计计算医疗期，仅依据劳动者在本单位的工作年限计算，不受本单位外工作年限的影响，自入职后的病假天数累计计算，也不存在周期内循环计算问题，满 20.83 天为医疗期满一个月，连续休假期内含有休息日、节假日的应予以剔除。

全国模式的医疗期则指企业职工因患病或非因工负伤，需要停止工作医疗时，根据本人实际参加工作年限和在本单位工作年限，给予 3 个月到 24 个月的医疗期。医疗期 3 个月的，按 6 个月内累计病休时间计算；6 个月的，按 12 个月内累计病休时间计算；9 个月的按 15 个月内累计病休时间计算；12 个月的按 18 个月内累计病休时间计算；18 个月的按 24 个月内累计病休时间计算；24 个月的按 30 个月内累计病休时间计算。

劳动部关于贯彻《企业职工患病或非因工负伤医疗期规定》的通知第二条规定："根据目前的实际情况，对某些患特殊疾病（如癌症、精神病、瘫痪等）的职工，在 24 个月内尚不能痊愈的，经企业和劳动主管部门批准，可以适当延长医疗期。"全国模式医疗期计算应从病休第 1 天开始，累计计算；医疗期并不是一次性全部享受，而是在一定时间内累计计算；医疗期中"月"的天数，按原劳动部规定是按 30 天核算；医疗期满后，继续留用，或计算周期结束医疗期未满的，自下一次病休起可重新核定医疗期。

3. 医疗期和病假区别

在日常生活与工作中，人们对于医疗期和病假有哪些区别也是十分关注的，许多人可能只是对其有一定的了解，但是对其具体是怎样的，可能还不太清楚，接下来是有关医疗期和病假有哪些区别的解答，希望有所帮助。

（1）效力不同。医疗期由国家规章明确规定，具有强制性，而普通病假则是用人单位和劳动者双方"沟通"确定的，没有强制效力。

（2）保护的权益不同。医疗期保护的是劳动者工作的权利，及在医疗期内不被解雇。而普通病假则是保护劳动者休息权、身体健康权益。

（3）期限不同。医疗期的具体期限由国家规章明确规定，与劳动者工作年限相关。而普通病假则是根据劳动者身体健康状况、医疗服务、单位工作安排等因素确定的。

（4）享有权益不同。医疗期内用人单位应该按规定发放薪资。而普通病假则没有强制性规定，由双方协商确定。

综上所述，医疗期是指企业职工因患病或非因工负伤停止工作治病休息不得解除劳动合同的时限。病假属于医疗期的范围，但病假的实际时间可能超过医疗期，超过医疗期的实际部分病假时间，用人单位当然可以不支付工资。

病假是员工享有医疗期待遇的基础，医疗期是法律概念，强调的是劳动关系存续保护；病假是生理概念，强调的是员工身体健康情况。员工医疗期期满之后，企业可以按照医疗期期满不能从事原工作，也不能从事企业另行安排的工作，来解除双方的劳动合同；若企业未选择解除双方的劳动合同，员工依法享有休病假的权利。

4. 医疗期和劳动合同之间的关系

对企业而言，员工医疗期满时，企业可以依法解除双方的劳动关系；也可以继续保留劳动关系，同时劳动者享受休病假的权利。

医疗期与劳动合同之间的关系，可分为以下几类情形：

（1）劳动合同期限已满，医疗期未满。此时，劳动合同期限续延至相应的情形消失为止,这里的"相应的情形消失"是指医疗期期满或者员工无法提供病休证明文件。

(2)劳动合同期限未满,医疗期已满。此时,企业可以按照《中华人民共和国劳动合同法》第四十条第1项规定处理双方的劳动合同关系。

(3)劳动合同期限已满,医疗期已满。此时,公司可以按照有关劳动合同终止的程序操作。

(4)医疗期未满,劳动者或企业存在《中华人民共和国劳动合同法》第三十九条、四十四条规定的情形。此时,公司可以依法解除、终止劳动合同,不受医疗期的限制。

二、病假期间的工资如何确定

当前,有关病假工资的计算在各省市存在比较大的差异。

上海规定:根据病假时间、计发病假工资或疾病救济费;病假工资的计算基数为劳动者所在岗位相对应的正常出勤月工资确定,不包括年终奖、上下班交通补贴、工作餐补贴、住房补贴、中夜班津贴、夏季高温津贴、加班工资等特殊情况下支付的工资。

北京规定:有约定从约定,无约定,按照制度或集体合同确定;未做任何形式的约定,计算方式同上海。

俗话说,"无规矩不成方圆",在当前的社会环境之下,构建规范的病假管理制度,是企业进行病假管理的核心要义。

三、病假管理制度

有关病假管理制度,可从以下方面进行完善。

(一)设置紧急请假、代请假制度

比如员工患病需要休假的,应当在上班前30分钟或上班后30分钟之内,以电话、微信、邮件、口头等形式向主管请假,并且在返岗当日按照公司要求补办休假手续。员工本人无法请假的,可委托亲属或同事等代为请假。

(二)续假制度

休假期满之后,员工仍然需要休假的,应当办理续假手续,续假手续应当在休假结束之前完成。

（三）病假复核制度

根据员工身体的恢复情况，公司可安排员工到专业的医疗机构进行复查，并由公司承担交通、复查费用。

（四）请假手续

员工连续或累计病休 10 天以上的，申请病假时应当提供病假单、诊疗证明、挂号单、用药清单、发票、主治医生联系方式、X 片等资料。

（五）休假管理

员工病休期间，不能从事第二职业，包括不限于开网店、代购、兼职、开公司等任何形式的第二职业。

那么员工休假时的待遇如何确定呢？

对于休假待遇，企业可以根据病休的天数进行分类管理，病假待遇除了病假工资之外，还应当与奖金、岗位、晋升、福利等相关联。从目前的环境来看，薪酬待遇是激励员工、引导员工的重要"支点"，也是企业撬动劳资关系的核心方式。

比如未按照公司制度要求履行请假手续、续假的给予处分；病休期间从事第二职业给予处分；提供的请假资料不符合公司制度要求的给予处分；提供的资料存在虚假、欺瞒等不诚信行为的解除劳动合同；骗取病假待遇的解除劳动合同，同时依法追讨病假待遇，构成犯罪的移送司法机关处理。

最后，还要采取预警制度，这是病假管理制度的重要组成部分，可根据员工的日常工作表现、绩效、病情等因素综合判断员工病假的类型，事前介入防控的效果往往要优于事中或事后的解决。

而从劳动者个体的角度来看，患病并非单纯的身体损伤恢复问题，背后还涉及家庭背景、经济情况等因素，给员工的身心造成很大的压力。员工心理帮扶、经济帮扶、关怀慰问等都是企业在病假管理过程中需要重点考虑的问题。

第七章
劳动合同的订立与变更的风险及应对

第一节　劳动合同签订中的风险防范

一、不在法定时间内签订劳动合同的法律风险

1. 支付双倍劳动报酬的风险

《中华人民共和国劳动合同法》第八十二条规定：用人单位自用工之日起超过一个月不满一年未与劳动者订立书面劳动合同的，应当向劳动者每月支付二倍的工资。

用人单位违反《中华人民共和国劳动合同法》规定不与劳动者订立无固定期限劳动合同的，自应当订立无固定期限劳动合同之日起向劳动者每月支付二倍的工资。

2. 导致无固定期限劳动合同的风险

《中华人民共和国劳动合同法》第十四条第三款规定：用人单位自用工之日起满一年不与劳动者订立书面劳动合同的，视为用人单位与劳动者已订立无固定期限劳动合同。

3. 劳动合同缺乏必备条款或者未将劳动合同文本交付劳动者的法律风险

《中华人民共和国劳动合同法》第十七条规定：劳动合同应当具备以下条款：用人单位的名称、住所和法定代表人或者主要负责人；劳动者的姓名、住址和居民身份证或者其他有效身份证件号码；劳动合同期限；工作内容和工作地点；工作时间和休息休假；劳动报酬；社会保险；劳动保护、劳动条件和职业危害防护；法律、法规规定应当纳入劳动合同的其他事项。此外，第十六条规定：劳动合同文本由用人单位和劳动者各执一份。至于违反上述规定的法律责任，第八十一条规定：用人单位提供的劳动合同文本未载明《中华人民共和国劳动合同法》规定的劳动合同必备条款或者用人单位未将劳动合同文本交付劳动者的，由劳动行政部门责令改正；给劳动者造成损害的，应当承担赔偿责任。

4.劳动合同种类使用不当的法律风险

根据《中华人民共和国劳动合同法》的规定，劳动合同分为固定期限劳动合同、无固定期限劳动合同和以完成一定工作任务为期限的劳动合同三种。原则上，企业与劳动者订立哪一种期限的劳动合同由双方根据各自的实际需求协商确定，但法律对无固定期限劳动合同的订立赋予了企业强制性的义务。《中华人民共和国劳动合同法》第十四条规定，有下列情形之一，劳动者提出或者同意续订、订立劳动合同的，除劳动者提出订立固定期限劳动合同外，应当订立无固定期限劳动合同：劳动者在该用人单位连续工作满十年的；用人单位初次实行劳动合同制度或者国有企业改制重新订立劳动合同时，劳动者在该用人单位连续工作满十年且距法定退休年龄不足十年的；连续订立二次固定期限劳动合同，且劳动者没有本法第三十九条和第四十条第一项、第二项规定的情形，续订劳动合同的。企业必须严格遵循上述规定，否则，按照《中华人民共和国劳动合同法》第八十二条的规定，用人单位违反本法规定不与劳动者订立无固定期限劳动合同的，自应当订立无固定期限劳动合同之日起向劳动者每月支付二倍的工资。

二、单独签订《试用期劳动合同》法律风险

《中华人民共和国劳动合同法》第十九条第四款规定：试用期包含在劳动合同期限内。劳动合同仅约定试用期的，试用期不成立，该期限为劳动合同期限。

有些企业因为对该条法律的规定并不了解，会单独签订《试用期劳动合同》，进而发生试用期无效，增加签订劳动合同次数等风险。

三、签订劳动合同时收取押金、保证金的法律风险

《中华人民共和国劳动合同法》第九条规定：用人单位招用劳动者，不得扣押劳动者的居民身份证和其他证件，不得要求劳动者提供担保或者以其他名义向劳动者收取财物。

《中华人民共和国劳动合同法》第八十四条规定：用人单位违反本法规

定，扣押劳动者居民身份证等证件的，由劳动行政部门责令限期退还给劳动者本人，并依照有关法律规定给予处罚。

用人单位违反《中华人民共和国劳动合同法》规定，以担保或者其他名义向劳动者收取财物的，由劳动行政部门责令限期退还劳动者本人，并以每人500元以上2000元以下的标准处以罚款；给劳动者造成损害的，应当承担赔偿责任。

劳动者依法解除或者终止劳动合同，用人单位扣押劳动者档案或者其他物品的，依照前款规定进行处罚。

《关于贯彻执行〈劳动法〉若干问题的意见》第二十四条规定：用人单位在与劳动者订立劳动合同时，不得以任何形式向劳动者收取定金（物）或抵押金（物）；对违反以上规定的，由公安部门和劳动行政部门责令用人单位立即退还给劳动者本人。

四、签订无效劳动合同的法律风险

1. 支付劳动者工资

《中华人民共和国劳动合同法》第二十八条规定：劳动合同被确认无效，劳动者已付出劳动的，用人单位应当向劳动者支付劳动报酬。劳动报酬的数额，参照本单位相同或者相近岗位劳动者的劳动报酬确定。《最高人民法院关于审理劳动争议案件适用法律若干问题的解释》中有类似规定。

2. 赔偿劳动者损失

《中华人民共和国劳动合同法》第八十六条规定：劳动合同被确认无效，给对方造成损害的，有过错的一方应当承担赔偿责任。

《违反〈劳动法〉有关劳动合同规定的赔偿办法》第二条和第三条的规定，由于用人单位的原因订立无效劳动合同，或订立部分无效劳动合同，对劳动者造成损害的，应按下列规定进行赔偿：（1）造成劳动者工资收入损失的，按劳动者本人应得工资收入支付给劳动者，并加付应得工资收入25%的赔偿费用；（2）造成劳动者劳动保护待遇损失的，应按国家规定补足劳动者的劳动保护津贴和用品；（3）造成劳动者工伤、医疗待遇损失的，除按国家规定为劳动者提供工伤、医疗待遇外,还应支付劳动者相当于医疗费用25%的赔偿费用;(4)造成女职工和未成年劳动者身体健康损害的,除按国家规定提供治疗期间的医疗待遇外,还应支付相当于其医疗费用25%的赔偿费用;(5)劳动合同约定的其他赔偿费用。

五、职工名册风险

企业在用工时,一定要建立职工名册,否则可能会受到行政处罚。《中华人民共和国劳动合同法》第七条规定,用人单位自用工之日起即与劳动者建立劳动关系。用人单位应当建立职工名册备查。2008年9月18日起施行的《中华人民共和国劳动合同法实施条例》第八条规定,劳动合同法第七条规定的职工名册,应当包括劳动者姓名、性别、公民身份号码、户籍地址及现住址、联系方式、用工形式、用工起始时间、劳动合同期限等内容。第三十三条规定,用人单位违反劳动合同法有关建立职工名册规定的,由劳动行政部门责令限期改正;逾期不改正的,由劳动行政部门处2000元以上2万元以下的罚款。

所以企业无论是否与员工签订劳动合同都要按要求建立职工名册备查,并让员工在核实名册内容后签字确认,由企业人事部门保留劳动者签字确认的书面证据存档。

六、企业告知风险

《中华人民共和国劳动合同法》第八条规定,用人单位招聘劳动者时,应当如实告知劳动者工作内容、工作条件、工作地点、职业危害、安全生产状况、劳动报酬,以及劳动者要求了解的其他情况。

由此可见,企业必须主动将上述情况如实向劳动者说明,劳动者无论是否提出知悉的要求,都不影响用人单位的告知义务。企业如未尽告知义务,有可能导致合同无效,如给劳动者造成损失,将承担赔偿损失的责任。所以企业在与劳动者签订劳动合同时,应让员工签署一份告知书备案待用。

七、签订劳动合同不是劳动者本人签字法律风险

签订合同必须有双方签订盖章,这是基本的法律常识。但实践中,因企

业管理方面问题，导致没有核实劳动者签字是否本人签订，更有甚者，一些企业 HR 为了工作方便，帮助劳动者签字，这些情形将导致劳动合同被认定无效，承担未签订书面劳动合同双倍工资等风险。

八、为避税签订阴阳合同

出于避税等因素的考虑，劳动者在劳动合同上写明的月工资为 5000 元，但劳动者实际月工资为 10000 元，其中 5000 元通过银行发放，剩余 5000 元用现金发放。企业帮助劳动者进行避税，但同时也成为违法者，导致企业和劳动者可能被税务部门处罚。

签订劳动合同应当实事求是，遵循诚实信用原则，并符合国家的有关规定，避免签订阴阳合同。

第二节　劳动合同变更、解除与终止

现今社会公众的法律意识不断增强，合同的用途越来越广泛，签订合同可以明确双方当事人的权利和义务。合同有不同的类型，当然也有不同的目的，下面就劳动合同变更、解除、终止进行分析讨论。

一、劳动合同的变更

什么是劳动合同变更？劳动合同变更是劳动合同依法订立后，在合同尚未履行或者尚未履行完毕之前，经用人单位和劳动者双方当事人协商同意，对劳动合同内容作部分修改、补充或者删减的法律行为。

根据《中华人民共和国劳动合同法》第三十五条，用人单位与劳动者协商一致，可以变更劳动合同约定的内容。变更劳动合同的内容，应当采用书面形式。变更后的劳动合同文本由用人单位和劳动者各执一份。

劳动合同变更的三种情形是：当事人一方可以变更合同的、双方协商同意变更合同的、由于不可抗力导致合同义务不能履行的等。对于存在上述情况的都是可以对合同进行变更处理的，具体情况应结合实际而定。

二、劳动合同的解除

（一）什么是劳动合同的解除

《中华人民共和国劳动合同法》第四十条：有下列情形之一的，用人单位提前30日以书面形式通知劳动者本人或者额外支付劳动者一个月工资后，可以解除劳动合同：

（1）劳动者患病或者非因工负伤，在规定的医疗期满后不能从事原工作，也不能从事由用人单位另行安排的工作的；

（2）劳动者不能胜任工作，经过培训或者调整工作岗位，仍不能胜任工作的；

（3）劳动合同订立时所依据的客观情况发生重大变化，致使劳动合同无法履行，经用人单位与劳动者协商，未能就变更劳动合同内容达成协议的。

（二）解除劳动合同的流程

1. 公司提出解除劳动合同

公司可以主动提出解除劳动合同的，但是公司如果主动解除，是要支付经济补偿金的。经劳动合同当事人协商一致，由用人单位解除劳动合同的，用人单位应当根据劳动者在该单位的工作年限，每满一年发给相当于一个月工资的经济补偿金，但不超过12个月。工作时间不满一年的，按照一年的标准对劳动者发给经济补偿金。

2. 违约金的合法合理性

如果双方在劳动合同中约定了违约金，如果是员工提出解除劳动合同，公司可能会向员工要求支付此违约金。要注意合同中所约定的违约金是否合法，因为有些地方性法规明确规定劳动合同对劳动者的违约行为设定违约金的，仅限于违反服务期约定的和违反保守商业秘密约定的，其余关于违约金的约定无效。

同时，违约金高于企业损失130%的，员工可以向仲裁庭或法庭提出违约金过高，请求降低。

3. 进行工作交接，并拿到离职交接单

在解除劳动合同的过程中，离职交接单应该一式两份，公司与员工个人各执一份，离职交接单原件应当经过企业盖章并由相关负责人签字。

需要注意的是，《中华人民共和国劳动合同法》规定的因用人单位的过失，劳动者可以解除劳动合同的情形中，用人单位"未及时足额支付劳动报酬"，应当考虑用人单位的主观恶意性，如果单位具有恶意性，劳动者可以解除劳动合同，并要求单位支付经济补偿金。但是如果确因客观情况引起的计算标准不清楚、有争议，导致用人单位未能"及时足额"支付劳动报酬的，不能作为劳动者解除劳动合同的依据。

三、劳动合同的终止

劳动合同的终止，是指劳动合同关系自然失效，双方不再履行。《中华人民共和国劳动法》第二十三条规定，劳动合同期满或者当事人约定的劳动合同终止条件出现，劳动合同即行终止。

《中华人民共和国劳动法》对劳动合同的终止规定了两种情况：一是劳动合同期限届满，合同即告终止，这里主要是针对有固定期限的劳动合同和以完成一定工作为期限的劳动合同；二是当事人约定的合同终止条件出现，劳动合同即告终止，这种情况既适用于有固定期限和以完成一定工作为期限的劳动合同，也同时适用于无固定期限的劳动合同，属于约定终止。

2008年《中华人民共和国劳动合同法》施行以后，劳动合同的终止只有法定终止，没有约定终止。劳动合同的解除和终止不是一个概念，不要混淆。《中华人民共和国劳动合同法》第四十四条规定，有下列情形之一的，劳动合同终止：劳动合同期满的；劳动者开始依法享受基本养老保险待遇的；劳动者死亡，或者被人民法院宣告死亡或者宣告失踪的；用人单位被依法宣告破产的；用人单位被吊销营业执照、责令关闭、撤销或者用人单位决定提前解散的；法律、行政法规规定的其他情形。

《中华人民共和国劳动合同法》在劳动合同终止的情况下，对某些劳动者采取了特殊保护制度。如劳动者有《中华人民共和国劳动合同法》第四十二条规定的下列情形之一的，劳动合同到期也不得终止，应当续延至该情形消失时终止。这些情形包括：从事接触职业病危害作业的劳动者未进行离岗前职业健康检查，或者疑似职业病病人在诊断或者医学观察期间的；患病或者非因工负伤，在规定的医疗期内的；女职工在孕期、产期、哺乳期的；在本单位连续工作满15年，且距法定退休年龄不足5年的；法律、行政法规规定的其他情形。

另外，在本单位患职业病或者因工负伤并被确认丧失或者部分丧失劳动能力的劳动者的劳动合同的终止，按照国家有关工伤保险的规定执行。

同时，除用人单位维持或者提高劳动合同约定条件续订劳动合同，劳动者不同意续订的情形外，依照《中华人民共和国劳动合同法》第四十四条第一项（劳动合同期满）规定终止固定期限劳动合同的：在劳动合同期满时，用人单位以低于原劳动合同约定的条件要求与劳动者续订劳动合同，而劳动者不同意续订的，用人单位应当支付经济补偿金；如果在劳动合同期满时，用人单位维持或者提高劳动合同约定条件续订劳动合同，劳动者不同意续订时，则不用支付经济补偿金；用人单位被依法宣告破产，终止合同的，用人单位应当支付经济补偿金；用人单位被吊销营业执照、责令关闭、撤销或者用人单位决定提前解散，终止合同的，用人单位应当支付经济补偿金；以完成一定工作任务为期限的劳动合同因任务完成而终止的，用人单位应当依法向劳动者支付经济补偿金；法律、行政法规规定的其他情形。

最后要注意，劳动者达到法定退休年龄的，劳动合同终止。而劳动合同中止和终止也是有区别的，导致两者情况发生的原因不相同。劳动合同中止是指在劳动合同履行的过程中，出现法定或者约定的状况，致使不能继续劳动合同，但是劳动合同关系仍继续保持的状态。劳动合同中止履行的，劳动合同约定的权利和义务暂停履行（但是法律、法规、规章另有规定的除外），待到法定或约定的原因消除后，劳动合同继续履行。劳动合同中止与劳动合同终止的区别在于劳动关系状态的不同。劳动合同中止之后劳动关系会继续保持。而劳动合同终止以后双方就不存在劳动关系了。中止履行劳动合同期间用人单位一般办理社会保险账户暂停结算（封存）手续。中止期间如若劳动合同期满，劳动合同终止。二者和劳动合同的解除也不同，劳动合同的解除是指劳动合同订立后，尚未全部履行以前，由于某种原因导致劳动合同一方或双方当事人提前结束劳动关系。劳动合同的解除分为法定解除和约定解除。劳动合同既可以由单方解除，也可以双方协商解除。

第三节　劳动合同主体变更与内容变更

劳动者在用人单位进行劳动，用人单位有签订劳动合同的义务，双方需要约定合同的权利义务，诚实地履行。但实践中，因为一些原因，往往涉及对劳动合同主体及劳动合同内容进行变更。下面就劳动合同主体变更和内容变更进行分析讨论。

一、劳动合同的主体变更

劳动合同的主体变更，是指用人单位与劳动者的主体身份变更，例如用人单位的名称变更、用人单位发生合并或者分立等情况。实践中，引起主体变更的情况一般有两类：第一类是企业合并、分立的情况，第二类是企业将某些特定员工进行转让的情况。根据劳动合同主体变更的不同情形，劳动合同下权利义务承继的操作也存在差异。在合同变更后，合同可能仍然有效或者根据当事人的协商，该合同可以无效。

《中华人民共和国劳动合同法》第三十三条规定：用人单位变更名称、法定代表人、主要负责人或者投资人等事项，不影响劳动合同的履行。《中华人民共和国劳动合同法》第三十四条规定：用人单位发生合并或者分立等情况，原劳动合同继续有效，劳动合同由承继其权利和义务的用人单位继续履行。《中华人民共和国劳动合同法》第三十五条规定：用人单位与劳动者协商一致，可以变更劳动合同约定的内容。变更劳动合同，应当采用书面形式。变更后的劳动合同文本由用人单位和劳动者各执一份。

公司要求员工签署变更劳动合同主体的协议是否合法，需要根据实际具体情况进行判定。如果用人单位要求劳动者变更劳动合同主体，并且没有违反相关法律法规的规定，仍然保持原有的工资待遇，其行为就是合法的。一般情况下，劳动合同主体是确定的，但如果企业发生了变更，比如，出现分立或者合并的情况，劳动合同主体变更也是合理合法的，或者经过双方当事人协商一致进行变更的话，劳动合同也是合理合法的。在实践的过程当中，引发劳动合同主体进行变更的情况一般分为两类，第一类是关于企业的合并及分立的情况，第二类则是用人单位需要将劳动者转至关联的企业或者其他公司的情况。根据劳动合同主体变更的不同情形，劳动合同的权利以及义务承继的操作也会存在一些差异。如果是原用人单位发生了合并、分立等情况，原用人单位与劳动者所签订的劳动合同不会解除，需要由新的用人单位来替代原有的用人单位继续履行双方所签订的劳动合同。《中华人民共和国公司法》第一百七十四条规定：公司合并时，合并各方的债权、债务，应当由合并后存续的公司或者新设的公司承继。

二、劳动合同的内容变更

（一）劳动合同内容变更的条件

当劳动合同出现履行障碍时，法律允许双方当事人在劳动合同的有效期内，对原劳动合同的相关内容进行调整和变更。有下列情形之一的，合同双方可以变更合同内容：

（1）在不损害国家、集体和他人利益的情况下，双方协商一致的；

（2）劳动合同订立时所依据的客观情况发生了重大变化，经合同双方协商一致的；

（3）由于不可抗力的因素致使劳动合同无法完全履行的。不可抗力是指当事人所不能预见、不能避免并且不能克服的客观情况，如自然灾害、意外事故、战争等；

（4）劳动合同订立时所依据的法律、法规已修改的；

（5）劳动者的身体健康状况发生变化、劳动能力丧失或部分丧失、所在岗位与其职业技能不相适应、职业技能提高了一定等级等，造成原劳动合同不能履行或者如果继续履行原合同规定的义务对劳动者明显不公平的；

（6）法律、法规规定的其他情形。

（二）劳动合同变更程序

（1）提出变更的要约：用人单位或劳动者提出变更劳动合同的要求，说明变更合同的理由、变更的内容以及变更的条件，请求对方在一定期限内给予答复；

（2）承诺：合同另一方接到对方的变更请求后，应当及时答复，明确告知对方同意或是不同意变更；

（3）订立书面变更协议：当事人双方就变更劳动合同的内容经过平等协商，取得一致意见后签订书面变更协议，协议载明变更的具体内容，经双方签字盖章后生效。变更后的劳动合同文本由用人单位和劳动者各执一份。

第四节　协商一致变更与合意变更

《中华人民共和国劳动合同法》三十五条规定：用人单位与劳动者协商一致的，可以变更劳动合同约定的内容。因此，只要用人单位与劳动者双方协商一致即可对劳动合同中所有内容进行修改，充分尊重当事人的意思。劳动合同的变更是原劳动合同的派生，是双方已存在的劳动权利义务关系的发展。在协商变更合同的情况下，变更合同的协议必须符合民事法律行为的有效要件，任何一方不得欺骗或强迫他方当事人变更合同。合同变更的实质在于使变更后的合同代替原合同。因此，合同变更后，当事人应按变更后的合同内容履行。

作为具有完全民事行为能力的成年人来说，合同一方对合同内容进行了变更，即使另一方没有明确表示拒绝，但已按照变更后的内容继续履行，可以视为对变更的默认，也就是合意变更。最高人民法院《关于审理劳动争议案件适用法律若干问题的解释（四）》第十一条规定：如果已经实际履行了口头变更的劳动合同超过一个月，且变更后的劳动合同内容不违反法律、行政法规、国家政策以及公序良俗的，当事人不得主张变更无效。

可见，变更如果以一定的形式表现出来这种劳资双方的合意，则可认为该变更成立，而这种表现形式就应当通过当事人的实际履行表现出来。

实际履行原则是指用人单位和劳动者在劳动合同的实际履行阶段，双方的权利义务关系由明示或默示的合意所确定的内容来决定，并且这种实际履行的表现应当具有连续性，即双方的实际履行行为必须达到一定履行期间才能被认为双方之间的劳动合同已实际变更，并达成了合意。

第五节　合法合理变更

针对劳动合同的履行原则，劳动合同的变更必须合法合理。

一、劳动合同的履行原则

（一）亲自履行原则

这是由劳动本身的特点决定的，也是保证劳动关系严肃性和稳定性的需要。劳动合同是特定人之间的合同，即用人单位与劳动者之间签订的劳动合同，它必须由劳动合同明确规定的当事人来履行，劳动合同的双方当事人也有责任履行劳动合同规定的义务，不允许当事人以外的其他人代替履行。

（二）实际履行原则

除了法律和劳动合同另有规定或者客观上已不能履行的以外，当事人要按照劳动的规定完成义务，不能用完成别的义务来代替劳动合同约定的义务。

（三）全面履行原则

这是实际履行原则的补充和发展，即劳动合同生效后，当事人双方除按照劳动合同规定的义务履行外，还要按照劳动合同规定的时间、地点、方式，按质、按量地履行全部义务。

（四）协作履行原则

劳动合同的双方当事人在履行劳动合同的过程中，有互相协作、共同完成劳动合同规定的义务，任何一方当事人在履行劳动合同遇到困难时，他方都应该在法律允许的范围，尽力给予帮助，以便双方尽可能地全面履行劳动合同。

二、劳动合同的法律特征

劳动合同具有以下三个鲜明的法律特征。

（一）劳动合同的主体是特定的

必须一方是具有法人资格的用人单位或能独立承担民事责任的经济组织和个人；另一方是具有劳动权利能力和劳动行为能力的劳动者。

（二）劳动者和用人单位是管理关系

在履行劳动合同的过程中，劳动者和用人单位存在管理关系，即劳动者一方必须加入用人单位一方中去，成为该单位的一名职工，接受用人单位的管理并依法取得劳动报酬。

（三）劳动合同内容以法定为多

劳动合同的性质决定了劳动合同的内容以法定为多、为主，以商定为少、为辅，即劳动合同的许多内容必须遵守国家的法律规定，如工资、保险、保护、安全生产等，而当事人之间对合同内容的协商余地较小。

因此，劳动合同的变更一定要合法合理。而在劳动合同履行过程中，造成劳动合同变更的原因是很多的，但是用人单位和劳动者都没有单方面变更劳动合同的权利，单方变更劳动合同的行为是无效的，一般劳动合同是一式两份，正常情况下两份劳动合同的内容应该是一致的。

三、如何认定劳动合同变更是否合理

（一）要具备变更的可预测性

一般理解，原合同中，有关于如不胜任合同约定岗位要求可变更的岗位事先已列举，合同变更即是合理合法的。如合同已列明如不胜任，将调至其他岗位，并且列举了岗位和工种，只要变更后的岗位基本适合劳动者，变更便是合理的。

（二）个人能力和工作表现是否胜任岗位

当个人能力与原工作岗位不匹配时，调整是必需的，也是合理合法的。

（三）合同变更是企业经营实际必需

市场瞬息万变，在劳动合同中明确界定或列举"经营需要"的内容不太现实，如果调整岗位确实是经营实际所必需，也是合理合法的。比如老产品淘汰，新产品上市，老员工不适应新产品推广，经培训后仍不适应岗位要求；外地业务需求量大，人员不够，公司总部本地业务有限，业务员有富余，将多余人员调至外地；办公室冗员过多进行裁减，调至生产一线，显然都是经营实际必需。业务调整的合理性表现为技术更新、产品更新、市场变化、客户需求变化等，由此引发的岗位调整也是合理合法的。用人单位对劳动者工作岗位进行合理变更的，劳动者应予以配合。如劳动者对调整工作岗位持有异议，应当采取合理的方式予以解决。劳动者对于公司的调岗行为，采取拒不到岗的方式予以回应，既不符合法律规定，又违反了双方劳动合同的约定。

（四）所变更岗位与原来岗位应具有相关性

销售部经理调至普通销售员岗位，技术部主任调至普通技术员岗位等，对于保留员工就业具有可操作性。一般来说，调整后的岗位比调整前岗位技术难度、工作压力、工作要求、考核指标都简单容易得多，所以相应调整岗位一般情况下也属合理。当然，如果因岗位变更增加了工作压力、工作强度，也应提高工资待遇。

第六节　工作岗位的变更

工作岗位变更，劳动合同可以重新签订，也可以不用重新签订。用人单位与劳动者协商一致，可以变更劳动合同。如果员工和单位签订的劳动合同中，明确约定了工作岗位和相关条件，那么，发生工作岗位调整，双方最好以书面形式，变更劳动合同或签署补充协议，避免发生后续争议。

公司给员工更换工作岗位，员工有权利拒绝。如果双方协商不一致，有以下解决办法：向当地劳动保障监察部门投诉；申请劳动仲裁；单位行为属于违法的，可以要求支付双倍经济补偿金的赔偿金。

经济补偿按劳动者在本单位工作的年限，每满一年支付一个月工资的标准向劳动者支付。六个月以上不满一年的，按一年计算；不满六个月的，向劳动者支付半个月工资的经济补偿。月工资是指劳动者在劳动合同解除或者终止前12个月的平均工资。

劳动仲裁时效为1年，自知道或应当知道侵权行为发生之日起计算。建议协商解决，协商不成可以申请劳动仲裁。申请劳动仲裁应当在单位注册地或劳动关系实际履行地的劳动仲裁委员会进行。

达成一致后，如果工作岗位发生变动导致工作性质较之前相比有比较大的差异，那么可以重新签订劳动合同，或者可以在原来的基础上签署一份附加协议。

如果工作内容以及绩效考核等问题没有太大的改变，不重新签订劳动合同也是可以的，但是双方必须就此协商一致。

第七节　工作地点的变更

公司更改员工的工作地点，是需要与员工协商的，公司无权单独更改，如果更改工作地点对员工影响不大，员工还是要听从公司安排，但如果影响较大，公司应提供适当的救济措施。

根据《中华人民共和国劳动合同法》的规定，劳动合同应当明确员工的工作内容和工作地点。但在实践当中，劳动合同中约定的工作地点形形色色、五花八门，除了常见的明确具体地点外，还有类似"中国""华东地区"等。对于这些约定是否合法和合理的判定，法律未有明确的界定。通常来说，用人单位对工作地点做出的相对宽泛的约定是符合公司业务特点或者员工岗位特点的，是合理和善意的，原则上认定有效，但如果想以模糊的约定来侵犯员工权益，那么其合理性和合法性将会存在较大的争议。

单位要求员工变更工作地点，员工不一定要服从安排。

一般来说，单位办公地点的变更会给员工的工作或生活带来一些影响，譬如上下班的时间耗费增加，又或者必须举家随迁或者在外租房居住等。因此，原则上变更工作地点对员工造成消极影响的，需经员工同意并书面确认。但若工作地点调整虽然构成了合同内容的变化，却对员工造成的影响很小或者几乎没有，这种情况下如果员工以未与单位协商一致而拒绝搬迁，那么就不合常理了。

因此，工作地点调整是否必须征得员工同意需要结合该等变更是否会给员工带来实质性的消极影响而定。在没有给员工履行劳动合同造成实质困难的情况下，员工有义务配合用人单位的经营安排。

那么如果员工不同意变更工作地点，是否能够获得赔偿？

工作地点属于合同法定内容，劳动合同约定了工作地点，公司无权单独变更，应当与劳动者协商，经过协商达成一致的，变更合同后继续履行；不能达成一致的，公司应当提前30天通知劳动者或者额外支付一个月工资给劳动者后解除合同，并按照劳动者工作年限每年支付一个月工资的经济补偿金。

公司不经协商变更工作地点的，劳动者有权拒绝（救灾、抢险等临时性紧急情况除外），公司因此解除合同或者给予处罚的，都属于违法行为，可以通过劳动争议仲裁维权。解除合同的需要支付两倍经济补偿金的赔偿金。

工作地点重大变更适用情势变更原则。《中华人民共和国劳动合同法》第四十条规定："有下列情形之一的，用人单位提前三十日以书面形式通知劳动者本人或者额外支付劳动者一个月工资后，可以解除劳动合同……（三）劳动合同订立时所依据的客观情况发生重大变化，致使劳动合同无法履行，经用人单位与劳动者协商，未能就变更劳动合同内容达成协议的。"

这里所谓客观情况发生重大变化，是指发生不可抗力或出现致使劳动合同全部或部分条款无法履行的情况。客观情况发生重大变化的实质是情势变更原则在劳动法上的体现。所谓情势变更原则，是指合同生效后，发生当事人不能预见且不能克服的客观情况，致使履行合同将对一方当事人没有意义或造成重大损害的，该当事人可以与对方就合同的内容重新协商变更或解除的法律规则。情势变更原则是公平原则和诚实信用原则在合同关系中的具体运用，其目的在于排除因情势变更导致的显失公平结果，平衡、协商双方当事人之间的利益关系，维护社会公平和经济流转秩序。

情势变更原则适用条件有：有情势变更的事实；情势变更是当事人在订立合同时所不可预见并不可避免的；情势变更发生的事由须不可归责于双方当事人。

根据《中华人民共和国民法典》第五百三十三条的规定："合同成立后，合同的基础条件发生了当事人在订立合同时无法预见的、不属于商业风险的重大变化，继续履行合同对于当事人一方明显不公平的，受不利影响的当事人可以与对方重新协商；在合理期限内协商不成的，当事人可以请求人民法院或者仲裁机构变更或者解除合同。人民法院或者仲裁机构应当结合案件的实际情况，根据公平原则变更或者解除合同。"

第八章
绩效考核的制定与风险防控

第一节　如何制定绩效考核制度

绩效考核是企业管理中的重要一项，制定一个完善的绩效考核制度，能够提高员工的工作积极性和效率，同时，在实施的过程中也能够发现企业中存在的问题，能够帮助企业及时地进行改正。那么在企业管理的过程中，如何制定绩效考核制度呢？

一、制订绩效考核方案

企业在建立绩效考核的时候，要明确企业的战略目标，在战略目标的基础上建立绩效考核方案，根据企业的性质可以制定短期绩效考核也可以制定长期绩效考核。无论长期绩效考核还是短期绩效考核，目标都应该是一致的，就是为了实现企业的战略目标。

企业在制订绩效考核方案的时候要遵循一定的原则，即针对不同的岗位，不同人员的岗位职能进行考核。在绩效考核方案的制订中一定要把企业的制度列入其中，必须有清楚的量化指标，当员工根据各自的工作岗位职责达到什么程度才是达到绩效考核的标准，要在方案中说明。

企业在制订绩效考核方案的时候要保证公平的原则，这样才能使绩效考核方案顺利实施。在实施过程中，企业需要公正及时地建立绩效考核档案，这样可以更有针对性地为员工指出问题。

制订绩效考核方案的要点是，要有清晰的目标、要有可量化的管理标准、具备良好的职业心态、考核成绩与员工利益和晋升挂钩、具有掌控性和可实现性。

二、制定绩效考核制度的步骤

（一）考核分类

因为绩效包括业绩和行为，所以对员工进行考核也应该包括两部分：业绩考核和行为考核。根据业绩、行为考核内容的不同，对员工应分别使用。业绩好、行为差的员工，应限制使用；业绩差、行为差的员工，应予以淘汰；业绩差、行为好的员工，应培养使用；业绩好、行为好的员工，应予以重用。

（二）制定步骤

1. 工作分析

企业在制定绩效考核制度前，要先做工作分析，这是所有人力资源管理的基础，也是薪酬管理系统的第一步，亦是绩效管理系统的第一步。

2. 建设绩效指标库

建设绩效指标库，绩效指标库是企业绩效考核的基础和核心。在建设绩效指标库之前，需要弄清楚绩效指标的来源。绩效指标的来源有以下三点：

（1）基于企业经营目标的分解。基于企业经营目标的分解是为完成战略任务而将企业经营目标逐层分解到每个部门及相关人员的一种指标设计方法。通过这种方法得到的指标所考核的内容是每个人最主要的且必须完成的工作。

（2）基于工作分析。基于工作分析是通过职位说明书或岗位职责说明可以把多种类型的工作分成必须做、应该做和要求做三种，而这种指标设计法就是找出必须做、可衡量的工作，并把它们设成绩效考核的指标。

（3）基于综合业务流程。基于综合业务流程则是根据被考核对象在流程中所扮演的角色、肩负的责任以及同上游、下游之间的关系，确定衡量其工作绩效考核指标的一种设计方法。

3. 形成考核表

考核表是企业进行绩效考核的基本工具，必须将其落到实处，应具备极强的可操作性。

绩效考核是企业对员工的正当要求和标准规范，优秀的绩效考核制度不仅对企业有帮助，对员工个人成长更是意义重大。据有效数据统计分析，有考核的企业与无考核的企业业绩可以相差一倍。

（1）业绩考核的内容。业绩考核包括两大部分：目标业绩考核和职能考核。

目标业绩考核是对结果的考核，如对业务员的目标业绩考核是销售额。往往与企业目标管理相结合，对企业目标进行分解落实而得到；职能考核是对岗位职责的考核，如业务员的业绩考核是销售额，而销售额来自客户量，开发新客户就是职能考核中的一项。

（2）行为考核的内容。行为考核也包括两大部分：纪律考核和品行考核。

纪律考核指对员工遵守公共规则（包括社会规则和企业规则），遵守公共纪律（包括社会纪律和企业规章制度）能力的考核。纪律往往与扣罚结合在一起。

品行考核是只对人的品行，和表现出来的行为情况的考核。

行为考核大多以主观人为评判为主。

第二节　《中华人民共和国劳动合同法》对绩效管理的影响

《中华人民共和国劳动合同法》的颁布对人力资源绩效管理产生了重大的影响，对于这些影响企业应该从绩效计划的制订、绩效考核信息的收集、绩效考核的方式以及如何保障绩效考核的公正等多方面作好应对准备。

《中华人民共和国劳动合同法》对企业的绩效管理提出了更高的要求，其中，最核心的影响就是对绩效不佳的员工的处理。

一、《中华人民共和国劳动合同法》对岗位调整的影响

对于绩效不佳的员工，企业在很多情况下会单方面采取调整岗位的做法。将一个表现不好的员工调整到一个更合适的岗位。在进行岗位调整时，

常常会同时调整劳动报酬。根据《中华人民共和国劳动合同法》第三十五条的规定：用人单位与劳动者协商一致，可以变更劳动合同约定的内容。企业在变更劳动合同内容时，应当采用书面形式。变更劳动合同要具备的首要条件就是当事人双方的协商一致。任何一方当事人不与对方协商、单方面变更劳动合同的行为都是不合法的。现实中，劳动合同的变更大多由企业提出，企业应当纠正企业掌握合同变更的自主权这一错误的合同变更理念，不能单方面强制性变更劳动合同。《中华人民共和国劳动合同法》只允许在劳动者不能胜任工作的情况下，用人单位可以变更劳动合同，重新安排劳动者工作岗位。这就要求企业的绩效考核评价系统必须有充足的证据说明员工"不能胜任工作"。

二、《中华人民共和国劳动合同法》对解雇的影响

《中华人民共和国劳动合同法》中严格地规定了对劳动者的解雇条件，并且对无固定期限劳动合同的制定规定了具体的条件，这些规定使企业单方面解雇职工需要具备多重条件。企业以员工不能胜任岗位为由解除劳动合同需要满足以下条件：劳动者被证明不能胜任工作、经过培训或者调整工作岗位仍然不能胜任工作。根据《最高人民法院关于审理劳动争议案件适用法律的若干问题的解释》第十三条的规定，因用人单位做出的开除、除名、辞退、解除劳动合同、减少劳动报酬、计算劳动者工作年限等决定而发生的劳动争议，企业负举证责任。也就是说，解除劳动合同由企业负举证责任，所以企业对不能胜任工作的员工解除劳动合同需要举证证明员工"不能胜任工作""经过培训或调整工作岗位仍不能胜任工作"，负有三次举证义务，这同样要求企业的绩效考核评价系统有充足的证明，可以说明员工"不能胜任工作"，且"经过培训或调整工作岗位后，仍不能胜任工作"。

第三节 关键业绩指标

一、什么是关键业绩指标

关键业绩指标即 KPI（Key Performance Indication），是通过对组织内部某一流程的输入端、输出端的关键参数进行设置、取样、计算、分析，衡量流程绩效的一种目标式量化管理指标，是把企业的战略目标分解为可运作的具体目标的一种工具。KPI 是现代企业中受到普遍重视的业绩考评方法。KPI 可以使部门主管明确本部门的主要责任，并以此为基础，明确部门人员的业绩衡量指标，使业绩考评建立在可量化的基础之上。建立明确的、切实可行的 KPI 指标体系是做好绩效管理的关键。

KPI 的考核范围可大可小，制定标准也因企业业务不同而有很大差异。很多企业会把全年 KIP 的考核结果作为年终奖金分配的依据，同时，把 KPI 考核跟员工的职务晋升相挂钩。但是，也有很多企业的 KPI 绩效考核只是流于形式。

KPI 法符合一个重要的管理原理——"二八原理"。企业在价值创造过程中，存在着"20/80"的规律，即 20% 的骨干人员创造企业 80% 的价值；而且，在每一位员工身上"二八原理"同样适用，即 80% 的工作任务是由 20% 的关键行为完成的。因此，必须抓住 20% 的关键行为，对之进行分析和衡量，这样就能抓住业绩评价的重心。

二、关键业绩指标的具体制定

对于 KPI 方案的具体制订可以从以下七个方面进行：

第一，做好实施 KPI 考核前的宣传和教育工作，使企业员工认识到 KPI 考核实施的必要性、重要性和紧迫性。

第二，采取有效的激励措施，承诺企业将从年利润中拿出 ×% 作为 KPI

考核的奖金，使KPI考核跟员工的利益直接挂钩。

第三，统一KPI指标的制定原理为，把企业的年度经营目标分摊到各个部门形成部门考核目标和部门考核指标，把部门考核指标再分解、细化到部门的各个岗位。

第四，采取打分制度，由企管部每月考核执行。部门或个人的考核基础分数为100分，没有按时完成一项指标就扣×分，超额完成一项指标就加×分，直到加满为止。

第五，采取公平、公正、公开的考核制度。部门KPI指标的定义要与责任部门主管沟通确定，在双方均无异议时，部门主管要签字确认。同时，任何加分、扣分、奖罚情况都要得到当事人的确认。

第六，每个月盘点KPI考核实施的效果，同时不断修正考核指标的不足。定期公布各部门的KPI完成情况，通过KPI考核最大化地反映员工的工作绩效。

第七，从长远来说，通过KPI考核的实施，规范员工的工作习惯，使KPI考核的观念固化在员工脑中。

KPI考核体系的构成包括：KPI考核程序（结构化制度）；KPI指标体系；KPI考核标准；KPI权重。

设定KPI指标的方法——格里波特四分法。格里波特四分法是从1996年开始被广泛应用的。它的理论前提是：将多数岗位都划分为四个关键的业绩领域：第一，数量纬度，包括总量、单位数量（包括比例）；第二，质量纬度，包括精确性、优越性和创新性；第三，成本纬度；第四，时效纬度，也就是任务完成得及时。

三、设定KPI指标的步骤

（一）提取指标

绩效考核的指标从哪里来呢？指标提取的依据主要有以下三个来源：

一是企业发展战略以及相应的战略目标。绩效考核不坚持战略导向，就很难保证绩效考核能有效支持企业战略。二是企业的战略规划的实施。实际上就是通过战略导向的绩效指标的设计来实现的。三是从战略目标这条线需要分解的目标计划。其中，包括企业中长期发展战略、年度目标或短期重点工作。从这条线上分解出来的 KPI 指标，主要是偏计划类指标。通过这种方式提取的指标是企业 KPI 体系，岗位 KPI 是其中之一，它应该具体到可以由某个岗位单独承担。

（二）工作分析

工作分析是设计绩效考核指标的基础依据。根据考核目的，对被考核者的岗位工作内容、性质以及完成这些工作所具备的条件等进行研究和分析，以确定指标的各项要素。从这条线分解下来的 KPI 主要偏重于职能类指标。

（三）企业业务流程

绩效考核指标必须从业务流程中去把握。应根据被考核者在流程中扮演的角色、责任以及同上游、下游之间的关系，来确定其衡量工作成效的绩效指标。在工作分析、企业业务流程方面提取指标时，着重对工作业绩产生重要影响的工作内容和占用大量工作时间的工作内容去考虑。

（四）筛选指标

绩效考核指标并不是越多越好，提取绩效考核指标必须有相应的数量限制。因为绩效管理是有成本的，指标越多，企业投入绩效管理的成本相应也就越多，所以在提取指标时，需要遵循 20/80 原理，选取出最需要考核的指标。对绩效考核指标的数量限制还与不同层次的岗位有关，越在基层，指标的数量相对越少。这些指标可能数量上过多，或者数据获取成本过高，不利于执行，所以一定要筛选这些指标。

筛选 KPI 指标要点是可理解、可控制、可实施、可信赖、可衡量、可低成本获取、与目标一致、与整个指标体系一致。

指标体系确立之后还需设定指标评价标准。一般来说，指标指的是从哪些方面衡量或评价工作，是解决"评价什么"的问题；而标准指的是在各个指标上分别应该达到什么样的水平，是解决"被评价者怎样做，做多少"的问题。

在目标管理中，人们心理可接受的指标范围应该为三级：第一级被称为"门槛指标"，也就是部门内每个员工都必须达到的指标；第二级，称为"理想指标"，在状况、条件很好的时候，通过个人努力能够达到的层次；第三级，称为"挑战指标"。

企业在设定 KPI 指标时应注意设定的指标是否合理、指标值的难度是否合适、设定的指标是否有重点。

第四节　绩效管理与薪酬的联动管理

一、联动体现

企业一定要让绩效管理和员工岗位、薪酬联动起来，这也是充分挖掘和激励员工的重要手段。

这种联动主要体现在如下两个方面。

（一）员工个人工资与企业整体业绩匹配

员工个人薪酬与企业、部门整体的收入、效益、利润等 KPI 指标联动，也就是与部门工资系数挂钩，从而激励员工个人更加关注企业业绩、部门目标。

（二）员工个人的工资与每月 KPI 指标完成情况挂钩

由每个月员工业绩完成的情况来决定绩效工资水平。这样才真正体现"干多干少不一样，干好干坏不一样"，从而有效引导员工增强以业绩论工资的意识。

二、人力资源部门要做好的三项工作

（一）企业 KPI、部门 KPI、员工岗位 KPI 设计明确合理

人力资源部要和企业最高层领导、各职能部门负责人一起花精力共同探讨研究，对企业的经营 KPI、部门的 KPI 进行科学设计，并就 KPI 指标进行有效分解，建立员工岗位 KPI。使员工能看清楚和理解自己每月的工作目标，从而使员工有方向感、责任感和使命感。

（二）建立系统、可操作的绩效考评方案

人力资源部门要建立有效的绩效考核评价系统，目的是为员工岗位的每一个 KPI 指标达成，设定一套详细的考核评估方案。需要明确考核方式、对象、权重、方法、计算办法、数据来源等，使得业绩的评估能具体、可操作、真实有效。

（三）业绩与工资有效挂钩

在业绩考核系统中要采用绩效合同管理。在绩效协议中明确规定业绩与薪资的匹配标准，为每一 KPI 指标的完成情况与员工月度岗位工资标准及年度企业业绩分配到部门的绩效系数进行细分和挂钩，并列出详细的计算公式、计算细则。

企业薪酬管理创新是人力资源变革的重要举措。人力资源部门要将员工业绩考核作为改造薪酬体系的突破口，以人力资本价值促进企业薪酬变革。为此，精心实施绩效与薪酬管理，做到内部公平、外部竞争、员工激励，使薪酬与员工绩效联动起来，这样才是薪酬管理激励的本质。

第五节 绩效不能完成的原因和处理方法

一些企业推行绩效考核，为什么会失败？导致绩效考核失败的主要原因有如下三个方面。

一、对绩效考核认识的偏差

什么是绩效考核？顾名思义，绩效考核就是对"绩效"进行考核。那么，什么是绩效？绩效就是企业的主要经济技术指标，也是企业生产指标、经济指标、效益指标的实现情况。绩效考核，就是对这些指标进行考核。很多绩效考核失败的企业，就是因为对绩效考核的概念不清楚，认为绩效考核可以把什么东西都放进去加以考核。

那么绩效考核的根本目的是什么？绩效考核的根本目的就是怎样通过考

核实现薪酬的合理分配,从而建立员工收入与企业绩效紧密相连的运行机制,让薪酬分配体现"按劳分配、奖勤罚懒"的基本原则。绩效考核本身并不能提高企业的绩效,它只是企业的一个管理手段,是通过考核来体现企业的意志,让员工感受到企业的公平和公正。

绩效考核不同于绩效管理,这是完全不同的两个概念。绩效考核只是企业管理的一个手段,它不能代替其他的各项专业管理。绩效管理是企业各个部门、各个单元都必须坚持的一项管理原则,就是说,任何一项专业管理,都必须以绩效提升为目标。所以,不要把绩效考核当作绩效管理,也不要把绩效管理降低到绩效考核的层次。二者的区别在于:绩效考核是管理手段,绩效管理是管理原则。

二、绩效考核实施上的误区

在对绩效考核的把握方面,一些企业存在一些误区。

(一)不具备推行绩效考核的基础

这个基础,就是有没有建立企业内部相对规范的制度体系。有不少的企业,还停留在"人治"阶段,离"法治"还差得很远,在这种情况下,不管考核方案做得多么漂亮,都难以把绩效考核实施到位。制度是管理的基础,制度也是企业文化的灵魂。所以,先把基本制度建立起来,把专业制度建立起来,然后再进行绩效考核的实施。

(二)把绩效考核的对象确定为个人

把绩效考核的对象确定为个人,是绩效考核走进死胡同的主要原因。当前很多企业,很多工作都不是靠个人去完成的,而是靠大家靠集体的力量共同完成的。譬如制造业的流水线,譬如化工企业的生产线,这样的岗位绩效考核,必须对组织进行考核,而不是对个人进行考核。绩效考核是对组织绩效的评价,而不是对个人绩效的评价。

(三)绩效考核错误运用

把绩效考核与员工行为考核、干部能力考评搅和在一起,把绩效考核结果运用到对员工的评价,运用到对干部的评价,这是绩效考核的又一大误区。员工的个人行为是否存在问题，应该由员工个人承担，而不能让该员工所在的组织承担；干部的考核评价，不能仅以绩效考核为依据，它的考核内容要比绩效考核更加宽泛。很多情况下，员工个人行为问题，并没有影响个人的绩效；一个考核单元的绩效结果的好坏，也不完全代表这个单元领导的管理能力的高低。

（四）考核周期过长

考核周期过长，这也是导致绩效考核不能发挥作用的原因。有的企业把考核的周期确定为季度，有的甚至半年或一年，这显然违背了绩效考核"适时激励"的原则。所以，考核最好以月度为周期。工资为什么一个月发一次？这并不仅仅是劳动法的规定，最主要的还是要发挥薪酬的适时激励作用。绩效考核也是同样，对当期的绩效评价，必须及时反馈给每一个员工。

三、绩效考核方案的问题

解决了绩效考核的认识问题，清楚了绩效考核的目的和意义，如果绩效考核还不能实施到位，那肯定与考核方案有关。企业需要在方案制订和实施方面下功夫，具体应注意以下几点：

（1）绩效考核方案，应该做到既简单又系统。所谓简单，就是方案内容简单明了，具有可操作性，不至于投入过多的人力去操作。所谓系统，就是方案除了明确考核内容、考核指标外，还必须明确考核原则、考核分工、考核程序、考核时间等。

（2）考核方案要站在企业全局高度去考虑。刚性考核是绩效考核的基本原则，分级考核是绩效考核的一般形式，这个应该在方案中予以明确。另外，绩效考核的结果一定要公布出去，必须让全体员工都清楚，哪些事项做好了会得到奖励，哪些事项做不好会受到处罚。

（3）考核指标是考核方案的核心内容。对制造企业来讲，考核指标包括生产指标、经营指标、效益指标。其中，效益指标是最难确定的，因为企业效益受制于外部的市场。不少企业在制定考核指标的时候，不考虑外部市场的变化，不考虑行业的整体状况，不考虑自身的制约因素，设置了根本不可能实现的指标。标准过高的指标，不仅不能激发反而会打击员工的积极性，所以制定指标一定要考虑各方面的因素。同时，还要对考核指标做到定期或不定期的修订，否则你的考核就成为"自娱自乐"。

（4）考核方案还要明确考核责任的划分。具体操作时要从企业层面成立相应的考核机构，大型企业可以成立考核委员会，中小型企业可以成立考核领导小组，由企业的高层成员构成。同时，要明确考核的牵头部门，一般由人力资源部门负责。要分别明确考核委员会和牵头部门的主要职责。

第六节　劳动争议中绩效考核的审查思路

绩效考核作为企业人力资源管理的重要手段，往往事关劳动者在企业的奖金、福利、晋升、汰劣等方面的切身利益，由此引发的劳动争议也越来越多。但是现行的法律法规在企业绩效考核这块基本属于空白状态，裁判者在处理类似争议时，对于审查的尺度和依据准则是较难掌握的。

一、关于绩效考核争议的受理范围问题

《中华人民共和国劳动争议调解仲裁法》第二条对劳动争议的受案范围进行了明确的规定，但其中并没有关于绩效考核的规定。所以，有的劳动者提出的"变更绩效考核等级""认定绩效考核结果无效"等问题，不应当属于仲裁、法院的受案范围。但是，由绩效考核衍生而来的关于奖金、福利、解除劳动合同争议，则依法应当予以受理。

二、绩效考核引发的解除劳动合同争议

绩效考核的设定初衷就有激励、汰劣的目的，所以很多企业在设定绩效考核方案时，会根据劳动者的综合表现给劳动者分出三六九等，排名差的按照企业规定予以解除劳动合同。关于这一类争议，用人单位常见的合法的做法有三种：第一，劳动者绩效考核成绩处于末位，用人单位依据《中华人民共和国劳动合同法》第四十条第二项解除劳动合同，一般认为不能仅因为

劳动者处于绩效考核末位，就认定劳动者不胜任工作；第二，劳动者绩效考核处于末位，违反企业规章制度，用人单位依据《中华人民共和国劳动合同法》第三十九条第二项解除劳动合同，可以说劳动者绩效考核虽然居于末位，但并不能构成严重违反企业规章制度，严重违反企业规章制度应当是劳动者在故意或者重大过失的情况下，违反了规章制度，而绩效考核居于末位，就绩效考核本身而言，劳动者并无主观上的错误；第三，劳动者绩效考核处于末位，劳动合同到期后，用人单位不续签。根据《中华人民共和国劳动合同法》规定劳动合同终止的情形是法定的，用人单位不能进行扩大解释。

读到这里，可能有人会给企业鸣不平，对于绩效末位的劳动者，怎么处理都违法，难道用人单位就只能束手无策吗？并不是，用人单位应当善用用工自主权，只有在法律和用工自主权之间找准平衡点，才能有效规避用工风险。

（1）绩效末位并不能认定为不能胜任工作，企业需要明确绩效末位和不能胜任工作的量化指标；

（2）不直接以绩效末位为由解除劳动合同；

（3）科学设置绩效考核体系。综合运用调岗、待岗培训、绩效奖金、降职等其他用工自主权内的管理手段。

那么，对于用人单位而言，该如何处理绩效考核居于末位的劳动者是较为棘手的事，这也是我们每位HR值得思考的问题。

三、裁判者的尺度

劳动者的合法权益和企业的用工自主权都应当受到尊重和保护，绩效考核是企业用工自主权的充分体现，国家公权、司法机关不应当予以过多干涉，对于企业设置有较为严格完善的考核程序绩效考核，裁判者应当以程序审查为主，"程序正义"即为"看得见的正义"，用人单位绩效考核程序是否严谨、是否有赋予劳动者申诉权，用人单位是否有按照既定的绩效考核程序实施了绩效考核应当是衡量程序正义的重要指标。对于没有设置考核程序或者程序较为随意，连"程序正义"都做不到的绩效考核，裁判者可以介入企业实体进行审查，防止用工自主权滥用而侵害劳动者的合法权益。

第九章
劳动合同的到期终止与续签的管理与风险防范

第一节　劳动合同自然终止的确定与法定顺延

对于劳动合同到期后未续签新的合同，劳动合同到底是自然终止还是自动顺延？

一、劳动合同的法定顺延

（一）法定自动顺延

根据《中华人民共和国劳动合同法》第四十二条、第四十五条的规定，劳动合同到期时，劳动者存在下列情形之一，劳动合同期限自动顺延至相应的情形消失之日止：

（1）从事接触职业病危害作业的劳动者未进行离岗前职业健康检查，或者疑似职业病病人在诊断或者医学观察期间的；

（2）在本单位患职业病或者因工负伤并被确认丧失或者部分丧失劳动能力的；

（3）患病或者非因工负伤，在规定的医疗期内的；

（4）女职工在孕期、产期、哺乳期的；

（5）在本单位连续工作满十五年，且距法定退休年龄不足五年的；

（6）法律、行政法规规定的其他情形。

该条规定属于劳动合同到期发生法定顺延情形，意味着劳动合同自动顺延，不需要双方当事人再进行协商确认，也不需要通过再续签书面劳动合同予以确认。在劳动合同法定顺延期间，用人单位与劳动者就劳动合同内容未达成一致以致未能续签的，该事实并不能改变双方仍然处在原劳动合同法定顺延期限内这一事实。若劳动者以法定顺延期间未续签书面劳动合同为由向用人单位主张两倍工资差额的，该主张与法有悖，法院不予支持。

（二）约定自动顺延

除了法定自动顺延以外，还有约定自动顺延。约定自动顺延是指，用人单位和劳动者在签订劳动合同时，以书面形式约定，在该劳动合同到期后，双方未曾提出终止劳动关系，劳动者继续以原薪资、在原岗位工作的，视为原劳动合同自动顺延。

1.约定自动顺延的几种情形

（1）劳动合同到期时用人单位未做出终止决定的，视为劳动合同自动顺延，自动延长期限为1年/同本合同期限，顺延期间双方约定的劳动合同条款继续有效并履行。

（2）本合同期满后，劳动者仍在用人单位工作的，本合同自动顺延至双方劳动关系终止之日，或本合同期满后，若双方皆无异议，本合同长期有效。

2.约定自动顺延的效力

关于约定自动顺延的法律效力问题，学界观点不一，存在如下两种说法。

（1）约定自动顺延的条款无效。

首先，根据《中华人民共和国劳动合同法》的相关规定，建立劳动关系，应当订立书面劳动合同。因此，无论是首次签订还是期满续签，都必须签订书面形式的劳动合同。用人单位通过约定自动顺延的条款，逃避续签书面劳动合同之责任的行为，并无法律明示，缺乏合法的依据。依据《中华人民共和国劳动合同法》第二十六条之规定，用人单位免除自己的法定责任的，该劳动合同无效或者部分无效。

其次，《中华人民共和国劳动合同法》第十二条规定，劳动合同分为固定期限劳动合同、无固定期限劳动合同和以完成一定工作任务为期限的劳动合同。这是对劳动合同进行的法定分类。包含自动顺延条款的劳动合同，该种合同期限存在不确定性（合同固定期满，劳动者仍在用人单位工作，用人单位对此无异议，有可能劳动合同顺延至劳动关系终止之日；其间若劳动者或用人单位任意一方不同意顺延，合同终止），有可能是固定期限，也有可能是无固定期限，无法对其进行准确定性及分类。由于劳动合同类型法定，约定自动顺延的劳动合同超出了上述三种法定类型，违反了法律强制性规定，因此无效。

最后，根据《中华人民共和国劳动合同法》第十四条的规定，连续订立二次固定期限劳动合同后，用人单位应与劳动者签订无固定期限劳动合同。若约定自动顺延有效，且附带顺延期限，则用人单位借此在劳动合同中约定：本合同到期后，双方若无异议，自动顺延 N 年；顺延到期后，双方若无异议，继续自动顺延 N 年。原合同中所约定的原各项条款继续有效。从用人单位的角度来看，避免了与劳动者签订无固定期限劳动合同，期限届满可终止劳动关系。如此一来，《中华人民共和国劳动合同法》第十四条之规定就会变成一纸空文。依据《中华人民共和国劳动合同法》第二十六条之规定，排除劳动者选择签订无固定期限劳动合同权利的，该劳动合同无效或者部分无效。

（2）约定自动顺延的条款有效。

首先，约定自动顺延是用人单位与劳动者意思自治的选择，体现了当事人的合意。《中华人民共和国劳动合同法》等相关法律并未禁止劳动合同中约定自动顺延条款，且约定自动顺延只是变更了合同的期限，应属有效。

其次，约定自动顺延条款实际属于续签劳动合同的一种方式。在工作岗位、薪资、权利义务等皆不变的情况下，将已到期的劳动合同进行续签，为减少续签手续、防止用人单位忘记续签，错过续签时间而带来的不良后果，约定自动顺延条款，有效保障和维护了用人单位与劳动者之间的劳动关系。

最后，劳动合同的类别依照顺延续签前后劳动合同的期限进行确定。顺延前是固定期限劳动合同，顺延后依照是否约定了顺延期限，来确定是固定期限劳动合同还是无固定期限劳动合同。自动顺延到期后依照《中华人民共和国劳动合同法》应当签订无固定期限劳动合同的，用人单位应当与劳动者签订无固定期限劳动合同。由此观之，约定自动顺延符合对劳动合同的法定分类，未违反法律强制性规定，当属有效。

3.司法实践中的做法

对于约定自动顺延在司法实践中的效力认定问题,各地法院大都认可约定自动顺延的条款有效,将期限顺延的做法定义为续签劳动合同的一种形式。

对于劳动合同中明确约定了顺延期限的,法院对此予以支持和认可,视为续签了相应期限的劳动合同。劳动合同中明确约定"本合同期满前,双方均未提出异议,有效期自动延长,自动延长期限同本合同期限,双方认可劳动合同到期后自动续延并已实际续延的,视为续签劳动合同,不再另行签订劳动合同",上述约定可以确定双方劳动关系的持续存在,只要用人单位并不存在恶意不签订劳动合同、否认与劳动者之间的劳动关系从而逃避法定义务的情形,就可视为劳动合同顺延合法。

约定自动顺延虽然在司法实践中得到了很多法院的认可,但是由于以下原因,仍不建议用人单位与劳动者在劳动合同中约定自动顺延条款:

(1)仍然存在部分法院对此不予认可的情形。

(2)劳动合同到期未依法续订,要求用人单位依据《中华人民共和国劳动合同法》第八十二条之规定,支付两倍工资的纠纷案时常发生,加之约定自动顺延条款效力问题尚存争议,法律法规对此也未置可否。由此观之,劳动者与用人单位容易陷入纠纷,耗费双方的人力、财力、物力。

(3)劳动合同到期后,续签劳动合同,尤其是在工作岗位、薪资待遇、权利义务等都未发生变化的前提下,并非难事,用人单位不应以各种理由进行推诿。

若用人单位坚持在劳动合同中约定自动顺延条款,建议用人单位为自动顺延附加明确的期限,避免发生纠纷时被法院认定为签订了无固定期限劳动合同。

第二节 无固定期限劳动合同的终止与相关风险

《中华人民共和国劳动合同法》第十四条规定:"无固定期限劳动合同,

是指用人单位与劳动者约定无确定终止时间的劳动合同。"

《中华人民共和国劳动合同法》第三十六条规定："用人单位与劳动者协商一致，可以解除劳动合同。"

解除劳动合同的情形为《中华人民共和国劳动合同法》第三十九条：劳动者有下列情形之一的，用人单位可以解除劳动合同：在试用期间被证明不符合录用条件的；严重违反用人单位的规章制度的；严重失职，营私舞弊，给用人单位造成重大损害的；劳动者同时与其他用人单位建立劳动关系，对完成本单位的工作任务造成严重影响，或者经用人单位提出，拒不改正的；因本法第二十六条第一款第一项规定的情形致使劳动合同无效的；被依法追究刑事责任的。

《中华人民共和国劳动合同法》第四十条规定，有下列情形之一的，用人单位提前30日以书面形式通知劳动者本人或者额外支付劳动者一个月工资后，可以解除劳动合同：劳动者患病或者非因工负伤，在规定的医疗期满后不能从事原工作，也不能从事由用人单位另行安排的工作的；劳动者不能胜任工作，经过培训或者调整工作岗位，仍不能胜任工作的；劳动合同订立时所依据的客观情况发生重大变化，致使劳动合同无法履行，经用人单位与劳动者协商，未能就变更劳动合同内容达成协议的。

关于赔偿的依据是《中华人民共和国劳动合同法》第四十六条，有下列情形之一的，用人单位应当向劳动者支付经济补偿：

劳动者依照本法第三十八条规定解除劳动合同的；用人单位依照本法第三十六条规定向劳动者提出解除劳动合同并与劳动者协商一致解除劳动合同的；用人单位依照本法第四十条规定解除劳动合同的；用人单位依照本法第四十一条第一款规定解除劳动合同的；除用人单位维持或者提高劳动合同约定条件续订劳动合同，劳动者不同意续订的情形外，依照本法第四十四条第一项规定终止固定期限劳动合同的；依照本法第四十四条第四项、第五项规定终止劳动合同的；法律、行政法规规定的其他情形。

如果个人想要解除劳动合同，《中华人民共和国劳动合同法》第三十七条规定:"劳动者提前三十日以书面形式通知用人单位,可以解除劳动合同。劳动者在试用期内提前三日通知用人单位,可以解除劳动合同。"其实,无固定期限劳动合同与固定期限劳动合同相比,只是没有约定确定的终止时间,至于无固定期限劳动合同是长期合同还是短期合同,要取决于每个无固定期限劳动合同的履行情况,并不能一概而论,遇到法律规定或双方约定的劳动合同终止情形,同样可以解除。根据《中华人民共和国劳动合同法》的规定,只要劳动者提前 30 日以书面形式通知用人单位,就可以解除劳动合同,且不用负违约责任。

第三节 到期终止是否需要经济补偿

根据《中华人民共和国劳动合同法》第四十六条第五款的规定,劳动合同期满,除用人单位维持或者提高劳动合同约定条件续订劳动合同,劳动者不同意续订的情形外,用人单位应向劳动者支付经济补偿金。

《中华人民共和国劳动合同法》第四十七条规定,经济补偿按劳动者在本单位工作的年限,每满一年支付一个月工资的标准向劳动者支付。六个月以上不满一年的,按一年计算;不满六个月的,向劳动者支付半个月工资的经济补偿。劳动者月工资高于用人单位所在直辖市、设区的市级人民政府公布的本地区上年度职工月平均工资三倍的,向其支付经济补偿的标准按职工月平均工资三倍的数额支付,向其支付经济补偿的年限最高不超过 12 年。本条所称月工资是指劳动者在劳动合同解除或者终止前 12 个月的平均工资。

第四节 合同续签的提出与相关争执的处理

关于续签劳动合同,合同双方应当在劳动合同终止后,劳动者提供劳动的第一天起1个月内订立新的书面劳动合同；无法订立劳动合同的，可以终止劳动关系或者是提起仲裁申请。原用人单位未表示异议的，视为双方同意以原条件继续履行劳动合同。一方提出终止劳动关系的，人民法院应当支持。

根据《最高人民法院关于审理劳动争议案件适用法律若干问题的解释》第十六条，劳动合同期满后，劳动者仍在原用人单位工作，原用人单位未表示异议的，视为双方同意以原条件继续履行劳动合同。一方提出终止劳动关系的，人民法院应当支持。

在劳动合同履行期限即将届满的情况下，员工与用人单位双方都同意续签劳动合同的，用人单位应该提前一个月通知员工续订劳动合同，并在合同到期前的15天内完成续订手续。对于连续工作满十年的，或者是已经连续签订了两次固定期限劳动合同的员工，用人单位应当与其续签无固定期限的劳动合同。

无固定期限劳动合同有下列情形之一，劳动者提出或者同意续订、订立劳动合同的，除劳动者提出订立固定期限劳动合同外，应当订立无固定期限劳动合同：

（1）劳动者在该用人单位连续工作满十年的；

（2）用人单位初次实行劳动合同制度或者国有企业改制重新订立劳动合同时，劳动者在该用人单位连续工作满十年且距法定退休年龄不足十年的；

（3）连续订立两次固定期限劳动合同，且劳动者没有续订劳动合同的，用人单位自用工之日起满一年不与劳动者订立书面劳动合同的，视为用人单位与劳动者已订立无固定期限劳动合同。

劳动合同期满时出现纠纷，可以直接终止和原单位的工作关系，也可以申请劳动仲裁。在劳动合同履行期满前一个月，用人单位需要用书面的形式，通知劳动者续签劳动合同，劳动者同意的，可以跟用人单位重新签订劳动合同；劳动者不同意的，可以和用人单位解除劳动关系，由用人单位出具离职证明。

第五节　法定终止劳动合同的风险及其防范

一、劳动合同终止的法律法规

《中华人民共和国劳动合同法》第四十四条规定，有下列情形之一的，劳动合同终止：

（1）劳动合同期满的；

（2）劳动者开始依法享受基本养老保险待遇的；

（3）劳动者死亡，或者被人民法院宣告死亡或者宣告失踪的；

（4）用人单位被依法宣告破产的；

（5）用人单位被吊销营业执照、责令关闭、撤销或者用人单位决定提前解散的；

（6）法律、行政法规规定的其他情形。

终止劳动合同后的特殊情况是合同到期后劳动者继续上班，这时候劳动者如果继续在原单位上班，未续签劳动合同，根据《中华人民共和国劳动合同法》的规定，原合同终止日起应支付双倍工资，如超过一年未签订合同，则视为已经订立无固定期限劳动合同，这一点需要用人单位特别注意。这种情况的出现，往往是缘于双方当事人或一方当事人的法律意识淡薄。保持事实上的劳动关系，往往会给双方当事人的权益带来损害，因为事实上的劳动关系得不到法律的保护。

终止劳动合同是指企业劳动合同法律效力的终止，也就是双方当事人之间劳动关系的终结，彼此之间原有的权利和义务关系不复存在。

二、劳动合同终止的注意事项

在劳动合同终止时需要注意以下几点。

（一）合同期限已满

表示定期的劳动合同在合同约定的期限届满后，除非双方是依法续订或依法延期，否则合同即行终止。企业劳动合同期满即行终止，不存在任何附带条件。确定是因生产或工作的需要，可以续订合同，但必须征得双方当事人的同意；任何一方无权强迫另一方续订合同。否则，所续订的合同是无效的，续订行为本身也是违法的。

（二）合同目的已经实现

已完成一定的工作为期的劳动合同在其约定工作完成以后，或其他类型的劳动合同在其约定的条款全部履行完毕以后，合同因目的的实现而自然终止。

（三）合同约定的终止条件出现

企业劳动合同或集体合同对企业劳动合同约定的终止条件出现以后，企业劳动合同就此终止；双方当事人可以续签合同，但是如果在办理续订手续时不合法或不完备。比如，合同期限届满后，用人单位不与劳动者协商，不经劳动者签字，而是由他人代为办理。通过这种方式续订的合同不具有法律效力，对企业会祸害无穷。劳动者一方一旦不承认续订合同的有效性，或采取不辞而别的行为，企业的损失无从追究。

（四）当事人死亡

劳动者一方死亡，合同即行终止；雇主一方死亡，合同可以终止，也可以因继承人的继承或转让第三方而使合同继续存在，这要依实际情况而定。

（五）劳动者退休

劳动者因达到退休年龄或丧失劳动能力而办离退休手续后，合同即行终止。

（六）企业不复存在

企业因依法宣告破产、解散、关闭或兼并后，原有企业不复存在，其合同也宣告终止。

三、劳动合同终止的办理

当法定终止劳动合同的条件出现时，用人单位应当在3日内向劳动者出具终止劳动合同的书面证明，告知其按照规定享受失业保险待遇的权利，并将失业人员的名单自终止或者解除劳动关系之日起 7 日之内报社会保险经办机构备案，在 15 日内办理完其他有关手续。

用人单位应当在劳动合同终止时，还应将《终止劳动合同证明书》直接送达劳动者本人，本人不在的，交其共同居住地，具有独立承担责任能力的成年直系亲属签收。直接送达有困难的可以邮寄送达，以挂号查询回执上注明的收信日期为送达日期。劳动者因下落不明，或者用上述送达方式无法送达的情况下，可采取公告送达，通过（市地级以上）新闻媒介通知。自公告发布之日起 30 日，即视为送达。

四、特殊情况

《中华人民共和国工会法》规定，基层工会专职主席、副主席或者委员自任职之日起，其劳动合同期限自动延长，延长期限相当于其任职期间；非专职主席、副主席或者委员自任职之日起，其尚未履行的劳动合同期限短于任期的，劳动合同期限自动延长至任期期满。但是，任职期间个人出现严重过失或者达到法定退休年龄的除外。

劳动和社会保障部等部门《关于进一步推行平等协商和集体合同制度的通知》规定，参与集体协商签订集体合同的职工协商代表在任期内劳动合同期满的，企业原则上应当与其续签劳动合同至任期届满。

劳动合同的期限应自动延续至医疗期、孕期、产期和哺乳期期满为止。

《工伤保险条例》规定，用人单位不得终止伤残程度为 1~6 级的工伤职工的劳动合同。不过，伤残程度为 5 级或 6 级的，经工伤职工本人提出，该职工可以与用人单位解除或者终止劳动关系，由用人单位支付一次性工伤医疗补助金和伤残就业补助金。

《中华人民共和国职业病防治法》规定，用人单位对未进行离岗前职业健康检查的劳动者不得解除或者终止与其订立的劳动合同；用人单位在疑似职业病病人诊断或者医学观察期间，不得解除或者终止与其订立的劳动合同。

第十章
劳动合同的解除及其法律风险的防控

第一节 《中华人民共和国劳动合同法》对于解除劳动合同的有关规定

一、解除劳动合同的条件

企业只有依法定程序解除劳动合同才能保护自己的利益。有关的法律赋予了企业更多的义务。

劳动者有下列情形之一的，用人单位可以解除劳动合同：

（1）在试用期间被证明不符合用人单位公布的录用条件的；

（2）严重违反劳动纪律或者用人单位规章制度，按照用人单位规定或者劳动合同约定可以解除劳动合同的；

（3）严重失职，营私舞弊，对用人单位利益造成重大损害的；

（4）被依法追究刑事责任的。

用人单位按照前款规定解除劳动合同的，应当书面告知劳动者理由。

二、无固定期限劳动合同的解除

无固定期限劳动合同是没有约定终止日期的劳动合同，但是并不等于终身合同。在出现《中华人民共和国劳动法》第二十四条、第二十五条、第二十六条、第二十七条的情形时，也可以依法终止劳动合同。

有下列情形之一的，用人单位可以解除劳动合同，但应当征求本单位工会的意见，并提前30日以书面形式通知劳动者本人：

（1）劳动者患病或者非因工负伤，医疗期满后，不能从事原工作也不能从事由用人单位另行安排的适当工作的；

（2）劳动者不能胜任劳动合同约定的工作，经过培训或者调整工作岗位，仍不能胜任工作的；

（3）劳动合同订立时所依据的客观情况发生重大变化，致使原劳动合同无法履行，经当事人协商不能就变更劳动合同达成协议的；

（4）用人单位解除劳动合同未按照前款规定提前 30 日通知劳动者的，自通知之日起 30 日内，用人单位应当对劳动者承担劳动合同约定的义务。

三、约定解除

用人单位可以与劳动者约定解除合同。约定解除是指在合同中约定解除合同的事项，待约定的事由出现时，当事人有权解除合同。在具备了劳动合同约定的解除合同的条件以后，享有解除权一方作出解除合同的表示后，劳动合同的权利义务即告终止，无须获得对方同意。

劳动者行使约定解除权时应当注意：必须事先在劳动合同中约定"约定解除合同"的条件，并且只有当解除合同的条件成立后，劳动者才能依照约定解除。

四、协商解除

劳动合同到期以后，用人单位既没有通知职工履行终止劳动合同的手续，也没有与其续签合同，形成劳动关系事实上的延续，若此时用人单位再解聘职工或职工主动辞职，应认定为用人单位提出解除劳动关系，双方应协商解除。

那么，什么是协商解除呢？协商解除是指劳动合同履行过程中，当事人经协商一致同意解除合同。《中华人民共和国劳动法》第二十四条规定："经劳动合同当事人协商一致，劳动合同可以解除，允许劳动合同双方当事人协商解除劳动合同。"协商解除与约定解除、法定解除不同，它不需要双方事先的约定或者法律的规定，只要双方愿意随时都可以解除合同，这也是实践中常用的劳动合同解除方法。

企业在协商解除劳动合同时应当注意：必须将双方协商解除劳动合同的权利责任明确，最好以书面的形式固定下来，避免解除劳动合同后的一些纠纷。同时，解除劳动合同应当签订协议，双方各执一份。

五、不得解除

根据《中华人民共和国劳动合同法》规定,劳动者有下列情形之一的,用人单位不得解除劳动合同或者终止劳动关系:

(1)患职业病或者因工负伤并被确认丧失或者部分丧失劳动能力的;

(2)患病或者负伤,在国家规定的医疗期内的;

(3)女职工在孕期、产期、哺乳期内的。

劳动合同期满或者当事人约定的劳动合同终止条件出现,劳动者有下列情形之一,同时不属于本条例第二十九条第二、三、四项规定的,劳动合同期限顺延至下列情形消失:

(1)患病或者负伤,在国家规定的医疗期内的;

(2)女职工在孕期、产期、哺乳期内的;

(3)法律、法规规定的其他情形。

关于妇女特殊时期劳动合同的问题。妇女在孕期、产期、哺乳期,用人单位不得单方解除或者终止其劳动合同,应当将劳动合同期限延长至孕期、产期、哺乳期期满。如果该女工有《中华人民共和国劳动法》第二十四条、第二十五条的情形,用人单位可以解除其劳动合同。

六、终止、解除的流程

当法定终止劳动合同的条件出现时,用人单位应当在3日内向劳动者出具终止、解除劳动合同的书面证明,告知其按照规定享受失业保险待遇的权利,并将失业人员的名单自终止或者解除劳动关系之日起7日之内报社会保险经办机构备案,在15日内办理完其他有关手续。

用人单位应当在劳动合同终止时,将《终止、解除劳动合同证明书》直接送达劳动者本人,本人不在的,交其共同居住地,具有独立承担责任能力的成年直系亲属签收。直接送达有困难的可以邮寄送达,以挂号查询回执上注明的收信日期为送达日期。劳动者因下落不明,或者用上述送达方式无法送达的情况下,可采取公告送达,通过(市地级以上)新闻媒介通知。自公告发布之日起30日,即视为送达。在此基础上,用人单位方可对违反规定的人员进行处理，办理解除劳动合同手续。

用人单位与劳动者解除劳动关系后，劳动者已再就业的，其档案应转入新用人单位；未再就业的，用人单位应在劳动关系解除之日起 15 日内将其档案移交当地指定的部门。逾期不移交的，用人单位应当赔偿由此给失业人员造成的损失。

用人单位依法与劳动者办理解除劳动合同手续，不能因其本人拒绝签字而失去效力，用人单位在办手续时应以书面注明存入档案。

用人单位对违纪人员开除、除名处理的同时，须办理解除劳动合同手续，否则，用人单位与劳动者解除劳动关系视为无效。

劳动者违反提前 30 日或者约定的提前通知期限要求与用人单位解除劳动合同的，用人单位可以不予办理解除劳动合同手续。

第二节　协商解除劳动合同的前提和关键

劳动合同依法订立后，双方当事人必须履行合同义务，遵守合同的法律效力，任何一方不得因后悔或者难以履行而擅自解除劳动合同。但是，为了保障用人单位的用人自主权和劳动者劳动权的实现，《中华人民共和国劳动合同法》规定在特定条件和程序下，用人单位与劳动者协商一致且不违背国家利益和社会公共利益的情况下，可以解除劳动合同，但前提是必须符合以下几个条件：

（1）被解除的劳动合同是依法成立的有效的劳动合同；

（2）解除劳动合同的行为必须是在被解除的劳动合同依法订立生效之后、尚未全部履行之前进行；

（3）用人单位与劳动者均有权提出解除劳动合同的请求；

（4）在双方自愿、平等协商的基础上达成一致意见，可以不受劳动合同中约定的终止条件的限制。

在协商解除劳动合同过程中,用人单位需要注意的是,按照本法第四十六条第二项和《违反和解除劳动合同的经济补偿办法》的规定,如果用人单位提出解除劳动合同的,应依法向劳动者支付经济补偿金。

第三节　企业主动解除劳动合同涉及的风险及防范

用人单位主动解除劳动合同会面临哪些法律风险呢?

一、未签订书面解除协议

双方协商解除劳动合同的,不论是用人单位还是劳动者都可以提出。但如果是用人单位提出的,用人单位应向劳动者支付相应的经济补偿金;如果是劳动者提出的,用人单位则不需支付经济补偿金。但无论是哪方提出解除劳动合同,用人单位都应签订劳动合同解除协议,用书面的形式将协商内容确定下来。一则规范用人单位人事管理程序,二则防止个别劳动者恶意仲裁、诉讼。

二、解除协议内容违法

在劳动合同解除协议中,其内容条款不得违反法律强制性规定。比如,约定劳动者在用人单位不支付相关费用的情况下的竞业禁止,这样的规定由于违反了法律强制性规定而归于无效,如果给劳动者造成损失,用人单位还要赔偿劳动者的全部损失。

三、超过试用期解除合同

依据《中华人民共和国劳动合同法》第三十九条第一项,劳动者在试用期间被证明不符合录用条件的,用人单位必须在法定期限内做出是否符合录用条件的决定,只要超过法定试用期,用人单位就不能以劳动者不符合录用条件为由与劳动者解除劳动合同。

四、试用期内无正当理由解除劳动合同

《中华人民共和国劳动法》规定,在试用期内被证明不符合录用条件的,

用人单位可以不用提前通知随时解除合同。但用人单位必须有证据证明劳动者不符合录用条件，这就要求用人单位在录用员工时要做好功课，将招聘时的录用标准或条件明确并证据化。如在发布的招聘简章、招聘信息中应明确录用标准和条件，并要求员工在入职时签字确认；做好在试用期届满前对员工考核评价的证据收集、保存等。

五、用人单位引用"缺陷"规章制度解除劳动合同

这是过错性解雇的一种。《中华人民共和国劳动合同法》第三十九条第二项规定，劳动者严重违反用人单位规章制度的，用人单位可以解除劳动合同。用人单位可以单方解除劳动合同的最主要依据是"劳动者严重违反用人单位的规章制度"。实践中，仲裁庭、法院裁审要求"规章制度"制定程序要合法，内容要合法、合理。劳动者严重违反规章制度的举证责任也要由用人单位来承担。也就是说，用人单位要想依"劳动者严重违反用人单位的规章制度"来单方解除劳动合同，应同时满足三个要件：规章制度制定程序合法；规章制度内容合法合理；劳动者严重违反。三者缺一不可。

根据以上三个条件，这就要求用人单位在以下方面做好法律风险预防工作：

（1）在制定规章制度时确保规章内容合法、程序合法，同时，要经过公示程序并确保劳动者对规章制度业已了解、学习。

（2）要使规章制度具有可操作性，要将"严重违反"列举、量化。

（3）要收集、保存劳动者严重违反规章制度的凭证。比如让劳动者本人出具检讨书等。

六、用人单位滥用"严重失职，营私舞弊，给用人单位造成重大损害"解除劳动合同

这也是过错性解雇。《中华人民共和国劳动合同法》第三十九条第三项规定，严重失职，营私舞弊，给用人单位造成重大损害的，用人单位可以解除劳动合同。实践中，有的用人单位为了尽快与劳动者解除劳动合同，往往夸大劳动者对用人单位的损害行为，任意使用此条款，从而引发劳动纠纷走上仲裁庭（法庭）。

用人单位如选择适用此条款来解除劳动合同，应当对"严重失职、营私舞弊、重大损失"做出明确的界定，通过规章制度等文件来确定哪些情况为严重失职，营私舞弊；造成多大损失算是"重大损失"。这也是过错性解雇，要对劳动者的上述行为进行证据收集与保存。这样就会将风险降低!

七、用人单位对劳动者"一女二夫"行为举证不能

这是过错性解雇。《中华人民共和国劳动合同法》第三十九条第四项规定，劳动者与其他用人单位建立劳动关系，对完成本单位的工作任务造成严重影响，或者经用人单位提出，拒不改正的，用人单位可以与其解除劳动合同。

由此条款可以看出，用人单位要适用此条款解除劳动合同，应满足以下任一条件：劳动者兼职并对本单位工作造成严重影响；如未造成严重影响，经用人单位提出且不改正的。

本条在实践中具体操作是有一定难度的，如果用人单位不懂相关操作程序，不注意收集保存相关证据，是很难适用本条款来解除劳动合同的。用人单位要选择此条款就要从长远出发，从以下几个方面加以防范：在规章制度中规定不允许兼职；对兼职行为核查并保存相关证据；对因兼职严重影响本单位工作任务收集、保存证据；用人单位无法举证就兼职行为给本单位工作任务造成严重影响时，及时送达改正通知并收集、保存相关证据。

八、用人单位对被胁迫或被欺诈或被乘人之危签订劳动合同举证不能

这是过错性解雇。如果劳动合同是在被劳动者胁迫或欺诈或劳动者乘人之危的情况下签订的，用人单位可以解除劳动合同。比如劳动者使用暴力或提供虚假的学历证明、身份证件等。作为用人单位要想解除劳动合同，需保留劳动者采用胁迫手段的证据，如录音、录像、证人证言等；保留劳动者所提交的资料，同时还要证明该资料不具备真实性。

九、用人单位对劳动者"被追究刑事责任"划分不明

这是过错性解雇。劳动者在合同履行期间，如果被追究刑事责任，用人

单位可以解除劳动合同。但是实践中有的用人单位对"刑事责任"的划分不明确，把"非刑事责任"认定为"刑事责任"。

实践中常常出现用人单位对被劳教、被刑事拘留、被行政拘留以及被人民检察院作出不予起诉决定的劳动者，适用"被追究刑事责任"条款而与劳动者解除劳动合同的情况，实际上用人单位的这种做法是错误的，是没有法律依据的。根据《关于贯彻执行〈中华人民共和国劳动法〉若干问题的意见》第二十九条的规定，"刑事责任"一般是指以下三种情形：被人民检察院免予起诉的；被人民法院判处刑罚的；被人民法院免予刑事处罚。除以上三种情形外，其他情况均不得被认定"被追究刑事责任"。

十、用人单位对劳动者无过错解除合同情形举证不能

《中华人民共和国劳动合同法》第四十条规定，劳动者有以下情形之一的，用人单位可以解除劳动合同：劳动者患病或者非因工负伤，在规定的医疗期满后不能从事原工作，也不能从事由用人单位另行安排的工作的；劳动者不能胜任工作，经过培训或者调整工作岗位，仍不能胜任工作的；劳动合同订立时所依据的客观情况发生重大变化，致使劳动合同无法履行，经用人单位与劳动者协商，未能就变更劳动合同内容达成协议的。

实践中，有的用人单位对以上三种情形把握不准且证据不足以证明劳动者符合上述情形，从而导致被认定非法解除劳动合同，使用人单位蒙受更大的损失。

作为用人单位，如果想适用以上条款解除劳动合同，需从以下方面做好工作：

（1）掌握劳动者患病或非因工受伤证据、不能从事原工作的证据、不能从事用人单位另行安排工作的证据，如诊断证明、考核记录等；

（2）掌握劳动者不能胜任工作的证据，且用人单位培训或调整工作仍不能胜任工作的证据，如考评记录、培训记录、调岗记录等；

（3）掌握因客观原因致合同无法履行且与劳动者协商无法达成一致的证据，如相关录音或协商笔录或备忘录等。

用人单位基于以上三种情形解除劳动合同时，应注意以下事项：应提前30日通知劳动者或多支付一个月工资；支付经济补偿金。

十一、用人单位错用无过错解除劳动合同情形

某些特殊劳动主体在没有过错的情况下，是不能解除劳动合同的。

《中华人民共和国劳动合同法》第四十二条，劳动者有下列情形之一的，不得适用无过错解除劳动合同条款：有职业病风险的劳动者未进行职业健康检查，或者疑似职业病在诊断或观察期间的；在本单位患职业病或者因工负伤并丧失或者部分丧失劳动能力的；患病或者非因工负伤，在医疗期内的；女职工在孕期、产期、哺乳期的；在本单位连续工作满十五年，且距法定退休年龄不足五年的。以上几种特殊的劳动者，是不能适用无过错条款来解除劳动合同的，用人单位如果适用无过错解除条款，则会构成违法解除劳动合同，是要支付赔偿金的。

针对这种情形，如果用人单位想解除劳动可以引用过错条款，劳动者具备相应过错的用人单位可以解除劳动合同。

十二、用人单位解除劳动合同时送达"解除通知书"不合法

在解除劳动合同的实践中，有很多用人单位不注重"解除劳动合同通知书送达"的重要性。相当多的用人单位只是口头解除，根本谈不上"解除通知书送达"。如果劳动者因用人单位的送达而没有收到或收到了用人单位没有办法证明劳动者收到，就起不到劳动合同解除的法律效力了。如用人单位因为送达解除劳动合同通知书不合法而被认定为非法解除劳动合同，用人单位就要为此支付经济赔偿金。

用人单位如何防范此类风险的发生呢？

签订劳动合同时确定劳动者的送达地址，包括劳动者住址或邮箱等；

邮寄送达到劳动合同约定地址；

如不能有效送达约定地址应采用公告送达。

第四节　劳动者辞职可能带来的风险防控

一、员工辞职可能带来的影响

对于企业来说，员工离职是企业的损失，尤其是核心员工的离职，对企业损失更大。如果只是非核心员工离职，对于企业来说还只是岗位上暂时性缺人，通过招聘或内部调配就能解决，但核心员工离职则不同，因为核心员工本身不可替代，其在企业和部门中的作用犹如"定海神针"，关系到部门的正常运作和企业经济效益和竞争力。

核心员工因其所处的岗位和部门不同，其影响也有所不同。

（一）掌握关键技术和商业秘密的核心员工

对于掌握关键技术和商业秘密的核心员工，他们的流失，会将企业的关键技术和商业秘密带走，如果他们去了竞争对手那里，必定会削弱企业的核心竞争力，增强竞争对手的核心竞争力，给企业造成非常不利的影响。

（二）掌握客户资源的核心员工

当掌握客户资源的核心员工离职，由于其与企业许多客户保持着工作关系，甚至与一些客户保持着朋友般的关系，一旦这些员工离职，尤其是如果去了竞争对手的企业，势必影响现有客户对企业的信任，甚至带走一部分客户，还有可能将客户带到竞争对手的企业，直接影响企业的经济利益。

（三）处于关键岗位的核心员工

处于关键岗位的核心员工，往往是要害部门的关键人员，或是企业的中流砥柱。处于关键岗位的核心员工一旦离职，就会导致企业关键岗位的空缺，短期内很难找到合适的接替人员，即便有，要达到其现在的工作效率和工作成绩，恐怕都还需要一段时间。所以关键岗位的核心员工一旦离职，可能直接导致企业的正常运转受到影响，部门工作效率下降，甚至会影响现有人员的稳定性和工作积极性。

二、如何防范这些风险

既然核心员工离职的影响如此之大，企业可以采取哪些措施加以应对呢？或是采取哪些措施可以将其影响降到最低呢？为此，企业可以采取以下八大措施加以应对。

（一）建立团队运作模式

团队运作模式，最大的好处就是不过分依赖于某个人，团队里的每个人的工作能力和工作业绩都差不多，没有非常突出或者关键性人才。以技术部门举例，技术团队里每一个人都是团队的重要成员，除非这个团队解散，否则，即便一两个人离开对团队也没什么影响。团队中所创造发明的专利，不是以某个人的名义注册的，是多人共同合作完成的，专利权不是一人所有，而是整个团队所拥有。完全依赖某一个关键人才的团队往往稳定性较差，一旦这个关键人才出现问题，整体团队的核心竞争力就会受到影响。

（二）与核心员工签订《竞业限制协议》

非核心员工一般签《保密协议》即可，对于核心员工，除了《保密协议》，还需要签订《竞业限制协议》。签订《竞业限制协议》的目的非常明显，就是核心员工在企业任职期间不得在其他企业兼职，或是从事与企业业务相关的工作。这样在核心员工离职后，在规定时间内不得在竞争对手企业工作，不得从事与企业业务相关的工作，简单理解就是对核心员工的就业方向进行限制。作为补偿，企业需要按照《竞业限制协议》规定，向核心员工支付相应的竞业限制补偿金。竞业限制制度就是为了保护企业的商业秘密外泄，避免企业经济损失。当企业与核心员工签订了《竞业限制协议》，企业也按规定向核心员工支付了竞业限制补偿金，如果核心员工违背了协议规定，企业也拿出证据证明了核心员工明显违规，那么企业就可以拿起法律武器维护自身合法权益，最大限度降低此类风险。

（三）建立客户信息数据库

客户对企业来说是至关重要的，是企业的主要经济来源。所以，对于客户信息如此重要的信息，企业要予以高度重视，并且需要专门建立客户信息数据库，形成客户信息的管理系统，使客户资源为企业享有和使用。如果有条件，可以通过系统去对客户资源进行管控；如果没有条件，可以建立客户信息管理制度进行规范管理。客户资源必须交给可信赖的人，企业负责人掌握着客户资源管理和使用的最高权限，销售部门总监和经理拥有客户资源的使用权，彼此相互监督、相互制衡，避免出现客户资源掌握在某一个人身上。

（四）实施品牌发展战略

企业发展不能光靠一两个人，一定要有品牌意识。就是说，企业吸引客户的不是因为个别的销售人员，也不是负责人的缘故，而是因为企业拥有良好的品牌知名度和信誉度，这才是企业可以长久依赖的。俗话说，铁打的营盘流水的兵，只要企业的品牌知名度和信誉度一直保持良好状态，就是企业员工队伍新老交替如何，或是一两个人的离职，对于企业的影响都不会很大。品牌对于企业来说就是一种无形的资产，它能给企业带来的经济价值是可观的，甚至比人才创造的经济价值要大。

（五）建立调岗轮岗培养机制

当一个员工在一个岗位工作一段时间后，会在这个岗位积累丰富的工作经验和人脉资源，甚至在这一岗位工作期间形成一个小的利益团体。为了避免因为员工长期在一个岗位工作，形成小的利益团体，或是人脉资源的独有，企业可以通过建立调岗轮岗培养机制，为了员工的培养和更快地晋升，可以规定员工在一个岗位任职多少年，须调到其他岗位任职。这种调岗轮岗培养机制，一方面可以培养人才，另一方面也可以避免因人员离职导致岗位空缺的情况。除了跨部门调岗轮岗，也可以进行同部门调岗轮岗及跨部门调岗轮岗，为培养复合型人才提供可能。

（六）建立人才储备制度

对于核心员工所处的关键岗位，因其具有一定的不可替代性，所以需要注重储备人才的培养，给关键岗位储备后备人才。当有核心员工离职时，通过人才储备库把合适的储备人才调到合适的岗位。建立人才储备制度，最重要的是两项工作：一是发现人才。在平时的工作中，注意有培养潜质的人才，并通过一段时间的考察和考核，确定其是否有培养的潜质，除了工作能力之外，还有忠诚度、管理能力、思维能力、诚信度等都是考察的重点。二是培养人才。十年树木，百年树人，培养人才非一朝一夕所能达成，需要通过培训、工作历练、工作实践、传帮带等方式进行重点培养，并对其进行考核。企业要有具体、可操作性的人才培养计划。

（七）诚心挽留人才

对于企业来说，培养一个人才实属不易，尤其是核心员工更是不易。所以，当核心员工提出离职后，企业一方面要询问真实的离职原因，另一方面要想办法挽留员工。对于非核心员工，企业当然无须花精力去挽留（有培养潜质的员工除外），但核心员工不同，对企业生产经营至关重要，所以需要花精力去挽留。挽留核心员工，需要了解核心员工真实的离职原因，并了解核心员工有什么诉求，必要时，需要负责人亲自出马予以挽留，以体现企业对核心员工的重视。挽留人才的方法，最重要还是一个"诚"字，也就是善于打亲情牌，既动之以情又晓之以理，以最大限度提高挽留的成功率。

（八）做好离职交接工作

核心员工离职不同于非核心员工离职，其离职手续需要更加规范，除了正常的离职交接流程之外，需要把握以下三点：一是尽快找合适的交接人员。因为核心员工所处岗位的重要性，所以不能因为核心员工的离开导致岗位工作无人做，建议通过内部晋升的方式选拔合适的交接人员。二是必须经过总经理的签字审批。非核心员工离职一般经过人力资源部经理审批后就可以办理离职交接手续，但核心员工不同于非核心员工，必须经过总经理甚至企业负责人的签字同意才能办理离职交接手续。增加一个审批人，一方面可以体现企业对其重视，另一方面也为寻找合适的交接人员增加时间。三是注意防范企业机密外泄。在核心员工离职交接期间，要注意该员工的工作文件、电脑文档、工作邮箱、电脑开机密码等重要文件的安全性，防止该员工拷贝企业重要资料或恶意删除资料。

防范员工离职风险，需要企业从建立团队运作模式、实施品牌发展战略、建立人才储备制度三个方面做好顶层设计。只要企业在建立客户信息数据库、与核心员工签订《竞业限制协议》、做好离职交接工作三个方面执行到位，在建立调岗培养机制、诚心挽留人才、员工职业生涯规划三个方面做好员工管理工作，就能最大限度规避风险。

第五节　有关社保缴纳可能存在的争执及风险防控

有关社保缴纳的问题，只要处理不当，就可能存在一定的风险，用人单位对此需要多加注意。

一、用"非全日制"代替"全日制"用工

企业在经营过程中，难免会用到一些流动性比较大的员工，如保安、保洁、司机等，由于流动性大，部分企业难免会出现不愿意为员工购买社保的情形。

2019年1月1日开始执行社保入税政策，对于这种类型的员工，企业总想规避掉社保，有些企业想通过用"非全日制"代替流动性较大的"全日制"用工，来规避社保缴纳，企业采用这种方式规避社保，需要注意风险。企业在雇用非全日制员工时，要注意其工作时间、薪资结算等方面的诸多规定，否则一不小心"非全日制"变成了"全日制"，企业可能要面临补缴社保和罚款。

针对这种情况，用人单位要注意以下几个方面：

从事非全日制工作的劳动者应当参加基本养老保险，原则上参照个体工商户的参保办法执行。

从事非全日制工作的劳动者可以以个人身份参加医疗保险（含生育），并按照待遇水平与缴费水平相挂钩的原则，享受相应的医疗保险（含生育）待遇。

用人单位应当按照国家有关规定为建立劳动关系的非全日制劳动者缴纳工伤保险费。

根据相关规定,非全日制员工,并非不需要缴纳保险,至少得缴纳工伤保险,如果地方政策不允许单独缴纳工伤保险,那企业也需要为其缴纳商业意外保险等来作为补充。

二、改变员工身份,让"正式员工"变成"临时工"

一些特殊的行业,在用工模式上,难免会出现流动性大、成本高、技术低等现象,如酒店业的保洁人员、餐饮行业的服务人员、物业公司的保洁人员等。对于这些特殊人员,部分企业难免也有些不愿意为员工缴纳社保,想通过临时工来规避社保缴纳,企业采用这种方式规避社保,也得注意风险。

针对这种情况,用人单位要注意以下几个方面。

根据劳办发〔1996〕238号文第一条规定:"一、关于是否还保留'临时工'的提法问题。《中华人民共和国劳动法》施行后,所有用人单位与职工全面实行劳动合同制度,各类职工在用人单位享有的权利是平等的。"所以现在已经没有了临时工的概念,我们现在叫的临时工,其实就是同工不同薪酬的那部分人,因为收入低,所以这部分劳动者基本不会缴纳社保,干的工作也大部分是辅助岗位的。

那"临时工"缴不缴社保?怎么判断是劳务费还是工资?这种用工形式如何列支?有些企业直接作为工资薪金核算了,有些企业当作劳务费核算,有些税务局认可工资薪金,有些又觉得是劳务费用,需要开发票入账。

因此,是否存在雇用关系就成了关键点。临时用工可能是劳务关系,也可能是雇用关系。

事实上,实质重于形式,如果仅仅以社保、劳动合同来判断是不是雇用关系,实际是偏离了实质。实际上这种连续性的服务关系,劳动者适用用人单位的劳动纪律规则,岗位固定,劳动者提供劳动是用人单位的业务组成,这些都可以作为判断是不是雇用关系的实质内容。

所以,一旦判断是雇用关系,就应该作为工资薪金核算,以工资表作为扣除凭证，不需要发票。那么，这种情况下按规定也应该缴纳社保。

因此，过去意义上相对于正式工而言的临时工名称已经不复存在。用人单位如在临时性岗位上用工，应当与劳动者签订劳动合同并依法为其缴纳各种社会保险，使其享有有关的福利待遇，但在劳动合同期限上可以有所区别。

所以，企业不给"临时工"缴纳社保，是错误的行为，会被有关部门查处。

三、降低月工资，提高年终奖

在保证员工年收入不变的前提下，企业以降低员工月工资，增加员工年终奖的方式，减少需要缴纳的社保金额。这种方案是行不通的，因为社保是以上一年度所有工资收入包括奖金在内，都计算在核定基数中，并不是根据员工的月工资来核定。

针对这种情况，用人单位要注意以下几个方面：

单位职工本人缴纳基本养老保险费的基数原则上以上一年度本人月平均工资为基础，在当地职工平均工资的60%~300%的范围内进行核定。

参保单位缴纳医疗保险（含生育）、失业保险、工伤保险的基数为职工工资总额，医疗保险（含生育）、失业保险职工个人缴费基数为本人工资，为便于征缴可以以上一年度个人月平均工资为缴费基数。

根据相关规定，职工社保是以上一年度所有工资收入包括奖金在内，都计算在核定基数中，而不是根据员工月工资核定。也就是说，通过降低职工月度工资发放来规避社保，这种行为实际上是不可取的！

四、让员工签订"放弃社保缴纳承诺书"，规避社保缴纳

部分企业为了规避社保缴纳，加之部分基层员工自身的生活压力，也不愿意扣除社保缴费，企业便与员工签订了员工自愿放弃社保缴纳的承诺协议，以应对劳动部门的检查与未来的劳动纠纷。企业想采用这种方式规避社保，根本不可取！

针对这种情况，用人单位要注意以下几个方面：

《中华人民共和国劳动法》第七十二条规定，社会保险基金按照保险类型确定资金来源，逐步实行社会统筹。用人单位和劳动者必须依法参加社会保险，缴纳社会保险费。

《中华人民共和国劳动合同法》第三十八条规定，用人单位未依法为劳动者缴纳社会保险费的，劳动者可以解除劳动合同。

《中华人民共和国劳动合同法》第四十六条第一项规定，劳动者依照本法第三十八条规定解除劳动合同的，用人单位应当向劳动者支付经济补偿金。

通过以上相关规定，企业为员工缴纳社保以及代扣代缴，是法定的义务，任何单位和个人不得拒绝。因此，单位想通过让员工签订"放弃社保缴纳承诺书"，规避社保缴纳，根本不可取！如果员工到劳动部门投诉企业未依法为员工缴纳社会保险费，企业还得支付经济补偿。

五、降低员工"名义工资"，增加员工费用报销

有企业想通过降低员工"名义工资"，增加员工费用报销，员工的总收入没有减少，只是员工缴纳社保的基数降低了，从而实现规避社保缴纳成本的上升。用这种方式规避社保缴纳，有很大的经营风险！

针对这种情况，用人单位要注意以下几个方面：

在金三系统上线以后，企业想要开具正规有效的发票，都需要有真实的业务，否则，便属于虚开，企业存在涉税风险；根据个人所得税法实施条例的相关规定，工资、薪金所得，是指个人因任职或者受雇取得的工资、薪金、奖金、年终加薪、劳动分红、津贴、补贴以及与任职或者受雇有关的其他所得；单位支付给职工的劳动报酬以及其他根据有关规定支付的工资，不论是计入成本的还是不计入成本的，不论是按国家规定支付列入计征奖金税项目的还是未列入计征奖金税项目的，均应列入工资总额的计算范围。

因此企业通过降低员工"名义工资"，增加员工费用报销，存在巨大的涉税风险与社保补缴的风险。

六、降低员工"名义工资"，从未入账收入中另行支付工资

在一些特定的行业中，其服务对象大部分为个人消费者，如餐饮行业、酒店行业、零售行业等；还有大部分个人消费者，在消费时未向商家索取发票，一些经营不规范的企业，便将客户未开具发票的收入，未进行合规报税，单独建立了"小金库"。社保入税后，企业为了规避社保的缴纳成本，便降低员工"名义工资"，从未入账收入中另行支付一部分作为员工工资，其目的是降低社保缴纳基数。

企业想采用这种方式规避社保，有很大的经营风险！

针对这种情况，用人单位要注意以下几个方面：

随着金税三期的上线，不同行业的未开发票收入比例，早已在大数据的监控之下，如零售行业未开具发票收入占总收入的比例为60%~70%，汽车维修行业未开具发票收入占总收入的比例为40%~60%。

对于收入不入账的频繁交易的私人账户早已纳入了大数据监控，加之该账户时常将资金汇入企业账户，和企业总有千丝万缕的关系，随时都有可能会被查出。

通过对以上行业特点的分析，税务部门禁止企业做假账，对于未入账收入、未入账支出，一定会进行查处，企业不要存有侥幸心理。

七、降低员工"名义工资"，员工另行开具劳务发票报销"工资"

在企业经营过程中，销售部门一直也是企业的关键部门，销售人员的工资也是多劳多得和业绩挂钩，在社保入税以后，高额的工资待遇也就预示着高额的社保缴纳基数，同时，还有高额的个人所得税。因此，很多企业就会动脑筋，以降低员工"名义工资"，通过员工另行开具劳务发票报销，来实现"工资"的获取，从而降低社保缴纳成本与个人所得税。企业想采用这种方式规避社保，有很大的经营风险！

针对这种情况，用人单位要注意如下事项：

根据相关规定：企业发生与生产经营有关的手续费及佣金支出（也就是劳务费），不超过规定计算限额以内的部分，准予扣除；超过部分，不得扣除；按与具有合法经营资格中介服务机构或个人（不含交易双方及其雇员、代理人和代表人等）所签订服务协议或合同确认的收入计算限额。

因此，对于同一家企业的同一员工，劳动关系和劳务关系不能并存，也就是说，员工不能既取得工资薪金又取得劳务报酬。

八、降低员工"名义工资"，增加员工福利支出

在社保入税后，企业更多的是希望通过筹划来降低缴费的基数，有些企业就想到了降低员工"名义工资"，增加员工福利支出。如职工生活困难补助、探亲路费、计划生育补贴、冬季取暖补贴、防暑降温费、婴幼儿补贴（即托儿补助）、独生子女牛奶补贴、独生子女费、六一儿童节给职工发放的独生子女补贴、工作服洗补费、献血员工营养补助及其他保险福利费。

针对这种情况，用人单位要注意以下方面：

企业想通过增加员工福利支出来降低企业社保支出，是需要符合一定的条件与特定的事项才能列支，并非企业可以全员常态化地列支。也就是说，想降低员工"名义工资"，增加员工福利支出，实际上空间非常有限。

九、通过"薪酬外包"的方式来实现降低社保缴纳基数

企业通过"薪酬外包"来降低社保缴纳基数，主要表现形式为：员工的一部分工资由用人单位发放，另一部分由其他企业以劳务费的明目发放。这样一来，用人单位只需以本单位发放的工资为基数缴纳社保。至于另一部分工资，由于该员工与劳务企业签订了劳务协议，而劳务关系不需缴纳社保，由此，用人单位似乎达到了节费的目的。

针对这种情况，用人单位要注意以下方面：

该种方案，表面上看好像符合法律规定，毕竟劳务用工确实无须缴纳社保，但实际上用人单位是在基础事实上玩把戏。实质重于形式，员工不为该企业提供任何劳动，是以合法形式掩盖非法目的。一旦被查实无实际劳务行为，用人单位必然要补缴社保，并缴纳滞纳金和罚款。不仅如此，劳务企业向用人单位开具劳务发票，既然根本无实际劳务行为，用人单位和劳务企业就可能共同涉嫌虚开增值税发票的犯罪。所以，切忌通过"薪酬外包"的方式来实现降低社保缴纳基数！

十、企业采取"一份"工资,"两人"领取,降基数不降工资

有些企业为了达到降低社保缴纳基数,也是煞费苦心,有家企业是这样筹划的,将员工工资一分为二,一部分工资由单位发放给员工本人;将另一部分工资发放给员工已退休的父母(让该员工已退休的父母当用人单位的"返聘员工")。

这样一来,用人单位只需以发放给员工的那部分工资为基数缴纳社保。至于另一部分工资,由于用人单位无须为退休返聘人员缴纳社保,拆分出来的这部分工资就能免缴社保,由此,用人单位似乎能达到节费的目的。

针对这种情况,用人单位要注意以下三个方面:

(1)参保单位缴纳基本养老保险费的基数可以为职工工资总额,也可以为本单位职工个人缴费工资总额基数之和;

(2)参保单位缴纳医疗保险(含生育)、失业保险、工伤保险的基数为职工工资总额;

(3)工资总额是指各单位在一定时期内直接支付给本单位全部职工的劳动报酬总额,由计时工资、计件工资、奖金、加班加点工资、特殊情况下支付的工资、津贴和补贴等组成。劳动报酬总额包括:在岗职工工资总额;不在岗职工生活费;聘用、留用的离退休人员的劳动报酬;外籍及港澳台方人员劳动报酬以及聘用其他从业人员的劳动报酬。

通过相关规定,聘用、留用的离退休人员的劳动报酬也包含在企业的工资总额之中,也需要作为缴纳企业部分社保缴纳的基数,虽然能够降低一点,但不明显,企业这样做得不偿失。

第十一章
解雇可能带来的风险及有关经济补偿

第一节　经济性裁员的启动条件

企业之所以进行经济性裁员，究其原因在于产业结构的调整、企业经营成本越来越高所造成的财务亏损等。虽然《中华人民共和国劳动合同法》对于企业进行经济性裁员做出了明确的规定，企业完全可以按照法律的规定进行裁员，但是，由于企业一旦进入裁员程序，涉及的员工之多、社会影响之大、法律后果之严重等情况，必然要求企业慎之又慎。

企业根据自身经营发展的需要，只有出现下列情形之一时，才可以启动裁员程序，否则，最终的结果就很可能会造成违法解除劳动合同，企业将面临极大的法律风险。

一、依照企业破产法规定进行重整的

根据原劳动部发布的《企业经济性裁减人员规定》第二条的规定，用人单位濒临破产，被人民法院宣告进入法定整顿期间或生产经营发生严重困难，达到当地政府规定的严重困难企业标准，确需裁减人员的，可以裁员。由此可知，当企业濒临破产，经债务人或者债权人依照破产法的规定，可以直接向人民法院申请对债务人进行调整。企业一旦被人民法院宣告进入法定整顿期间，企业确因经营需要裁减员工的，可以进行裁员，但需要企业提供受理法院依法出具的企业进行重整民事裁定书，并依照相关法定裁员程序进行裁员。

二、生产经营发生严重困难的

目前，我国现行的法律并没有对企业因"生产经营发生严重困难"做出明确的规定，在界定企业是否存在"生产经营发生严重困难"，主要散见于各个地方性的规定。

在司法实践中，企业因"生产经营发生严重困难"进行裁员，需承担举证责任。如第三方会计师事务所出具的财务报表,以证明该企业年度、季度连续亏损。如果企业所在地没有制定认定经营严重困难企业的标准或程序,用人单位要慎用本项规定进行经济性裁员。

三、企业转产、重大技术革新或者经营方式调整,经变更劳动合同后,仍需裁减人员的

企业在日常的生产经营发展过程中,根据市场经济的变化和企业内部结构的调整及人员结构的优化,将会面对企业转产、重大技术革新或者经营方式调整等情况的发生,必然会导致企业内部部分岗位的变动或消失,但这种调整未必最终会导致企业进行经济性裁员,企业可对员工进行调岗或培训,以适应调整后企业战略发展的需要。如果企业在经过转产、重大技术革新或者经营方式调整,只有在变更劳动合同后,仍需要裁减人员,才可进行经济性裁员。

企业在利用该项规定实施经济性裁员时,应当注意以下几点:企业存在转产、重大技术革新或者经营方式调整的事实及证据;企业与职工变更劳动合同的情况;经过变更劳动合同后,仍有部分员工不能胜任新工作或能力有限的员工,企业方可实施经济性裁员。

四、其他因劳动合同订立时所依据的客观经济情况发生重大变化,致使劳动合同无法履行的

如果企业在进行经济性裁员时所选择的法律依据是该项规定,就应当与《中华人民共和国劳动合同法》第四十条第三项的规定有所区分。《中华人民共和国劳动合同法》第四十条第三项规定,劳动合同订立时所依据的客观情况发生重大变化,致使劳动合同无法履行,经用人单位与劳动者协商,未能就变更劳动合同内容达成协议的。同时,原劳动部《关于〈劳动法〉若干条文的说明》第二十六条第三项的规定,劳动合同订立时所依据的客观情况发生重大变化,致使原劳动合同无法履行,经当事人协商不能就变更劳动合同达成协议的,用人单位可以解除劳动合同。本条中的"客观情况"是指,发生不可抗力或出现致使劳动合同全部或部分条款无法履行的其他情况,如企

业迁移、被兼并、企业资产转移等。

《中华人民共和国劳动合同法》第四十一条第四项规定，强调的是排除《中华人民共和国劳动合同法》第四十条第三项规定之外的其他"客观经济情况"的原因。从举证方面来看，二者也有明显的不同，第四十条第三项重点在于因"客观情况"发生重大变化，在与劳动者进行协商变更的过程；第四十一条第四项重点在于因"客观经济情况"发生重大变化，此时导致劳动合同无法继续履行，企业进行经济性裁员需要听取工会意见，并向劳动行政部门报备。

第二节　经济性裁员的程序

一、企业经济性裁员的程序性要求如下

根据《中华人民共和国劳动合同法》第四十一条的规定，有下列情形之一，需要裁减人员20人以上或者裁减不足20人但占企业职工总数10%以上的，用人单位提前30日向工会或者全体职工说明情况，听取工会或者职工的意见后，裁减人员方案经向劳动行政部门报告，可以裁减人员。从该条款的规定可以看出，企业进行经济性裁员必须符合以下程序。

（一）人数要求

裁减人员需达到20人以上或者裁减不足20人但占企业职工总数10%以上才可启动裁员程序；如果裁减人数少于该法定人数的，企业就只能够按照协商解除劳动合同或根据《中华人民共和国劳动合同法》第四十条第三项的规定处理。

（二）时间要求

用人单位应当提前30日向工会或者全体职工说明情况，听取工会或者职工的意见，并提供有关生产经营状况的资料；此时企业应当注意的是，企业既可以向工会说明情况，也可以向全体职工说明情况，用人单位可以进行选择，而不是二者同时进行。

（三）报备要求

企业在进行裁员之前，应当将裁减人员方案向劳动行政部门报告即可，此时企业应当注意的是，目前法律并没有要求必须经劳动行政部门批准后才可以裁员，只要履行报告报备程序就可以了。企业向劳动行政部门报告的裁减人员方案，内容应当包括：被裁减人员名单、裁减时间及实施步骤、符合法律、法规规定和集体合同约定的被裁减人员经济补偿办法等信息。

二、应当优先留用的人员

按照《中华人民共和国劳动合同法》第四十一条第二款的规定，裁减人员时，应当优先留用下列人员：

（1）与本单位订立较长期限的固定期限劳动合同的；

（2）与本单位订立无固定期限劳动合同的；

（3）家庭无其他就业人员，有需要扶养的老人或者未成年人的。

用人单位裁减人员后，在六个月内重新招用人员的，应当通知被裁减的人员，并在同等条件下优先招用被裁减的人员。企业应当注意的是，如果企业优先招用被裁减的人员时，根据《关于实行劳动合同制度若干问题的通知》（劳部发〔1996〕354号）第十九条的规定，进行经济性裁员的企业在六个月内录用人员的，应当优先从被裁减的人员中录用。因经济性裁员而被用人单位裁减的职工，在六个月内又被原单位重新录用的，对职工裁减前和重新录用后的工作年限应当连续计算为本单位工作时间。

根据法律规定，企业进行裁员在同等条件之下，对于上述的三类人员给予优先留用，其目的在于保护这些对企业做出贡献的员工以及照顾家庭的基本生活需要，以进一步彰显企业文化。当然，在裁减部分员工之后，根据企业经营发展的需要，仍需进行裁员的，即使企业存在上述三类人员，仍可对其进行经济性裁员。

第三节 企业裁员时的"代通知金"问题

代通知金,是非法律用语,现行《中华人民共和国劳动法》和《中华人民共和国劳动合同法》中没有"代通知金"的概念。代通知金是中国香港和台湾地区的说法,就是指用人单位在提出解除或终止劳动合同时应该提前一个月通知的情况下,如果用人单位没有依法提前一个月通知的,以给付一个月工资作为代替。

根据《中华人民共和国劳动合同法》第四十条的规定,有下列情形之一的,用人单位提前30日以书面形式通知劳动者本人或者额外支付劳动者一个月工资后,可以解除劳动合同:劳动者患病或者非因工负伤,在规定的医疗期满后不能从事原工作,也不能从事由用人单位另行安排的工作的;劳动者不能胜任工作,经过培训或者调整工作岗位,仍不能胜任工作的;劳动合同订立时所依据的客观情况发生重大变化,致使劳动合同无法履行,经用人单位与劳动者协商,未能就变更劳动合同内容达成协议的。所以,只有员工存在上述三种情形时,且在企业未提前30天通知劳动者的情况下,企业在与员工解除劳动合同时,才向员工额外支付一个月工资,主要目的是补偿员工在重新寻找工作所需要的时间的对价,这也就是我们常说的N+1。

至于企业在进行经济性裁员时,员工动辄就提出N+1的补偿要求,甚至是N+2以上的请求。这种理解是错误的,也是毫无法律依据的,在裁员程序中并无"代通知金"的要求,企业无须向被裁减的员工支付"代通知金"。

第四节　企业经济性裁员时的经济补偿标准

企业在进行经济性裁员时,需向员工支付经济补偿金。根据《中华人民共和国劳动合同法》第四十七条的规定,经济补偿按劳动者在本单位工作的年限,每满一年支付一个月工资的标准向劳动者支付。六个月以上不满一年的,按一年计算;不满六个月的,向劳动者支付半个月工资的经济补偿。劳动者月工资高于用人单位所在直辖市、设区的市级人民政府公布的本地区上年度职工月平均工资三倍的,向其支付经济补偿的标准按职工月平均工资三倍的数额支付,向其支付经济补偿的年限最高不超过12年。前面所称的月工资是指劳动者在劳动合同解除或者终止前12个月的平均工资。

企业因经济性问题需要裁员时,一定要按照法律规定的步骤进行,同时,裁员对于企业来讲并不是与员工解除劳动合同的优先选择,一旦操作不慎或裁员的理由不成立,将会面临违法解除劳动合同的法律后果。所以,在裁员报备之前或之后,能够与员工协商解除劳动合同的,应当尽量去协商,这也是最佳选择。

第五节　违约金的赔付条件和计算方法

《中华人民共和国劳动合同法实施条列》第二十五条:用人单位违反劳动合同法的规定解除或者终止劳动合同,依照劳动合同法第八十七条之规定支付了赔偿金的,不再支付经济补偿金。赔偿金的计算年限自用工之日起计算。

《中华人民共和国劳动合同法》第八十七条:用人单位违反本法规定解

除或终止劳动合同的，应当依照本法第四十七条规定的经济补偿标准的二倍向劳动者支付赔偿金。

《中华人民共和国劳动合同法》第四十七条：经济补偿按劳动者在本单位工作的年限，每满一年支付一个月工资的标准向劳动者支付。六个月以上不满一年的，按一年计算；不满六个月的，向劳动者支付半个月的经济补偿。

劳动者工资高于用人单位所在地直辖市、设区的市级人民政府公布的本地区上年度职工月平均工资三倍的，向其支付经济补偿的标准按职工月平均工资的三倍的数额支付，向其支付经济补偿金的年限最长不超过12年。

《违反〈中华人民共和国劳动法〉行政处罚办法》第六条：用人单位有下列侵害劳动者合法权益行为之一的，应责令支付劳动者的工资报酬、经济补偿，并可责令按相当于劳动者工资报酬、经济补偿总和的一至五倍支付劳动者赔偿金：

克扣或者无故拖欠劳动者工资的；

拒不支付劳动者延长工作时间工资报酬的；

低于当地最低工资标准支付劳动者工资的；

解除劳动合同后，未依照法律、法规规定给予劳动者经济补偿的责令用人单位支付劳动者经济补偿按有关规定执行。

本条所指月工资是指劳动者在劳动合同解除或者终止前12个月的平均值。

《违反和解除劳动合同法的经济补偿办法》第三条：用人单位克扣或者无故拖欠劳动者工资的，以及拒不支付劳动者延长工作时间工资报酬的，除在规定的时间内支付劳动者工资报酬外，还需要加发相当于工资报酬25%的经济补偿金。

《违反和解除劳动合同法的经济补偿办法》第十条：用人单位解除劳动合同后，未按规定给予劳动者经济补偿的，除全额发给经济补偿金外，还须按该经济补偿金数额的50%支付额外经济补偿金。（劳动者加付赔偿金的请求要想得到支持，还必须满足一个前提条件，即劳动者必须就用人单位拖欠其劳动报酬、加班费或者经济补偿金的违法行为已经先向劳动行政部门进行投诉，劳动行政部门在责令用人单位限期支付后，用人单位仍然不支付的，劳动者才能请求加付赔偿金，对此劳动者应承担举证责任。）

第十二章
离职手续和离职结算实务

第一节　如何做好离职交接

离职管理作为企业人力资源管理的基础工作之一，大部分企业都建立了规范的操作流程，但人力资源部门或者用人部门在面对员工离职时，还是会遇到颇为头痛的问题：员工根据程序离职后，尚有多项工作未能完整交接，接手的新人也不能尽快熟识新岗位工作，进而导致关键客户流失、重要工作遗漏、宝贵资料丢失等一系列问题。那么，如何做好员工离职工作交接，使工作秩序不受到影响甚至中断呢？

一、资料梳理是关键

每一名员工，尤其那些身处关键岗位上的员工，在工作中都会积累大量与工作有关的文档资料，这些资料构成了企业的阅历体系，属于企业无形资产的重要组成部分，一旦丢失，企业需要付出高昂的成本代价进行重建。因此，资料梳理就成为离职工作交接的首要任务和关键所在。具体来说，可以把握以下3个环节。

（一）资料整理

对于离职员工（以下简称"交出方"），部门负责人或人力资源经理在与其进行离职面谈时，就要明确资料交接包括的内容及重点，并指导员工在办理离职审批的同时，做好对其工作的梳理、交接资料的整理，以及交接表的填写。交接内容应包含负责的工作任务或项目描述及进展状况、对外联络的资源信息、各类文档资料的纸质及电子资料等。

（二）交接存档

交出方资料整理完毕后，填写好《××岗位工作交接资料清单一览表》，并注明资料的存储方式及存放地后，一并交接给上级，由上级负责对提交资料的全面性和精确性进行审核、签收与存档。

（三）转交备份

上级将通过审核的电子与纸质资料转交新接手该岗位的员工（以下简称"接收方"）存档与备份，并应要求接收方尽快学习与熟识相关资料。当然，为了加强管理，人力资源部门还应该细化相关规定，例如，公司核心关键岗位的文档资料，除用人部门必须备份外，人力资源部或信息管理部门还应双重备份。

需要特别说明的是，依据员工岗位和接收方对要接替工作的熟识程度，接收方也可以与交出方进行交接，这么做的目的是可以节约时间，同时也能够让接收方熟识一下工作内容，但是上级必须一同参与交接，并且要对交接的内容做好审核，避免出现重大疏漏。

二、交接培训不能少

接收方获得岗位相关的资料以后，如果只是阅读或学习该岗位的文档资料，那么将无法驾驭该岗位的工作精髓，因为诸多工作环节、技巧、留意事项与特别状况都隐藏于各类文档资料的背后，是无法通过阅读与学习快速驾驭的。在现实中，往往因为工作的急迫性，难以给接收方充裕的时间和精力去熟识与实践，新人匆忙上阵，势必影响工作成效。因此，为了帮助接收方快速驾驭新岗位工作内容与要求，交出方所在部门应当组织交接培训，交接培训的参加者至少包括3人，即交出方、接收方和上级。具体操作为：由交出方对交接工作与文档资料进行全面讲解与说明，接收方在学习文档资料的基础上，提出问题，做好记录，与交出方有效互动；上级作为监管者，应负责对交出方讲解内容的全面性和精确性进行把关，发觉讲解内容有遗漏或者错误时，应马上对培训内容进行补充与改正。对于和该岗位工作流程紧密相关的同事，也可以请其参加旁听与互动，让接收方对新岗位的工作更有整体感和全局观。

三、实操指导很重要

为了保证交接岗位的工作不受影响，在离职交接过程中，还须设置一个实操指导的环节。出于效率的考虑，实操内容应集中于该岗位的核心业务，即时常性发生、重要程度较高的工作任务。交出方明确该岗位的核心业务，由上级予以审核确认后，交出方指导接收方对核心业务进行实际操作。

四、通知各方保联络

无论哪个岗位，其对内对外、或多或少都有数目不等的固定联系人，如客户、供应商、合作伙伴、专家学者、内部员工等，岗位所承载的各类业务，基本上也都是通过该岗位员工与固定的内外联络人交织在一起。如果员工离职以后，接收方却不知道该岗位有哪些固定联系人，就会影响工作所涉及的内外联络的顺畅有效性，进而影响工作的正常开展，甚至还会给公司造成实际经济损失。

因此，当离职交接工作进行至此环节时，在接收方已对该岗位工作基本熟识的状况下，应当通知与该岗位有关的固定联系人，确保工作无缝连接。

五、全面审核防缺漏

全面审核是员工离职工作交接的兜底环节，即便是公司的制度流程对员工离职工作交接进行了具体规定，在实际操作过程中仍难免出现走样或者偏差的状况。离职管理工作的成效关键在于执行与贯彻的力度，这要求人力资源工作者需要依据管理流程，对离职工作交接进行严格监督与审核，其中尤其要留意以下两点。

（一）审核范围

离职工作交接流程，不应局限于员工离职这一单一类型，只要是人员离开工作岗位，工作的担当者发生变更，都可以适用本流程。

（二）审核重点

人力资源部应当根据流程予以严格审核，避免流于形式，将交接资料、交接培训、联系人等作为审核重点，必要时还可参加详细交接培训环节，抽检相关的电子或纸质文档资料，定期备份部门离职材料；对未根据要求执行的，有权暂停相关人员的内部调动或者离职；违规情形严重的，人力资源部可在全公司范围内通报批评，督促相关责任人履行完全交接工作，直至责任人根据要求完成为止。

第二节 员工主动辞职或劳动合同终止是否需要开具离职证明

根据《中华人民共和国劳动合同法》第五十条的规定，用人单位应当在解除或者终止劳动合同时出具解除或者终止劳动合同的证明，并在15日内为劳动者办理档案和社会保险关系转移手续。因此，在离职时公司应该给员工出具离职证明，这是法定责任。

《中华人民共和国劳动合同法》第八十九条规定：用人单位违反本法规定未向劳动者出具解除或者终止劳动合同的书面证明，由劳动行政部门责令改正；给劳动者造成损害的，应当承担赔偿责任。

第三节 档案和社保关系转移实务处理

劳动者离职时，在办完离职手续，工作交接结束后，首先，将各单位领导签过字的离职手续单和工作证交到人力资源部签收，人力资源部核查离职人员档案及劳动合同，确定无误并做统一归档。其次，劳动者签署解除劳动合同书，人力资源部门负责人凭此备案后，将劳动者的档案直接转交单位所在城市的人才交流中心或劳动就业中心，劳动者本人需到人才中心或劳动就业中心办理相关手续。

如果劳动者已经找到新的工作，那么只要新公司开具了调档函，劳动者就可以直接把档案转到新公司。把档案放到人才市场，手续相对简单，因为其不仅可以托管档案关系，还可以托管党关系；但如果将档案放至劳动就业中心，则手续要相对烦琐一些，因为，通常大部分劳动就业中心只管档案，党关系还得放到原公司，等找到新工作才能把党关系从原单位转到新单位。

劳动者特别需要注意的是，若暂时没有找到新工作，而原单位已经把档案转至劳动就业中心，那么不管是人事代理办理档案托管手续，还是续缴社保，抑或是找到新工作后提取档案，都必须有失业证，也就是说，档案到了劳动就业中心后，劳动者必须办理失业证。

失业登记须本人办理，不得别人代办，自动辞职的，即使办理失业证，也没有失业补助。

找到新工作或需要把档案托管到别的城市的，则需要接收城市的人才交流中心的人事代理处或新单位发一个调档函和接收函过去，然后由劳动者拿着失业证，去原工作城市的劳动就业中心将档案调走即可。

在原工作单位已缴纳过劳动保险的人员，在人才中心或劳动就业中心托管人事档案后，可凭中心开具的介绍信到劳动保险管理机构办理保险关系转移手续。若劳动者暂时没有找到工作，可以由中心代理缴保险费，基数可自己定。

辞职后，需持身份证和解除劳动关系书到原工作城市的社保中心开社保转移证明，找到新工作后，凭此证明到新单位所在城市的社保中心开接收函，然后凭借接收函去原工作城市的社保中心将社保转出去。

职工因辞职、被辞退等原因与单位解除劳动关系时公积金处理办法：

失业的，提交《失业证》，全额提取并销户；

签订档案托管协议的，住房公积金在原单位封存一年；一年后重新就业的，新就业单位已缴存住房公积金的，办理转移手续；

新就业单位未缴存住房公积金的，全额提取并销户；未就业的，全额提取并销户。

第四节　离职有关争执及其处理办法

根据《中华人民共和国劳动法》第七十七条的规定:"用人单位与劳动者发生劳动争议,当事人可以依法申请调解、仲裁、提起诉讼,也可以协商解决。

调解原则适用于仲裁和诉讼程序。"

第七十九条规定:"劳动争议发生后,当事人可以向本单位劳动争议调解委员会申请调解;调解不成,当事人一方要求仲裁的,可以向劳动争议仲裁委员会申请仲裁。当事人一方也可以直接向劳动争议仲裁委员会申请仲裁。对仲裁裁决不服的,可以向人民法院提起诉讼。"

第八十条规定:"在用人单位内,可以设立劳动争议调解委员会。劳动争议调解委员会由职工代表、用人单位代表和工会代表组成。劳动争议调解委员会主任由工会代表担任。

劳动争议经调解达成协议的,当事人应当履行。"

第八十一条规定:"劳动争议仲裁委员会由劳动行政部门代表、同级工会代表、用人单位方面的代表组成。劳动争议仲裁委员会主任由劳动行政部门代表担任。"

第八十二条规定:"提出仲裁要求的一方应当自劳动争议发生之日起六十日内向劳动争议仲裁委员会提出书面申请。仲裁裁决一般应在收到仲裁申请的六十日内作出。对仲裁裁决无异议的,当事人必须履行。"

第八十三条规定:"劳动争议当事人对仲裁裁决不服的,可以自收到仲裁裁决书之日起十五日内向人民法院提起诉讼。一方当事人在法定期限内不起诉又不履行仲裁裁决的,另一方当事人可以申请人民法院强制执行。"

第八十四条规定："因签订集体合同发生争议，当事人协商解决不成的，当地人民政府劳动行政部门可以组织有关各方协调处理。

"因履行集体合同发生争议，当事人协商解决不成的，可以向劳动争议仲裁委员会申请仲裁；对仲裁裁决不服的，可以自收到仲裁裁决书之日起十五日内向人民法院提起诉讼。"

第十三章
多种用工方式的选择及风险防范

第一节　全日制用工的管理

全日制用工即每日工作时间不超过 8 小时,是指法定正常付出劳动时间,也就是义务劳动时间,超过这一时间的工作即视为额外劳动,用工单位需支付加班工资,累计工时每周超 24 小时就应该属于全日制用工。

非全日制用工是指以小时计酬为主,劳动者在同一用人单位一般平均每日工作时间不超过 4 小时,每周工作时间累计不超过 24 小时的用工形式。依据用工方式的不同,可分为全日制用工和非全日制用工。

全日制用工,必须要签订书面劳动合同;非全日制用工,双方当事人可以通过口头协议约定。

全日制用工,除以完成一定工作任务为期限的劳动合同和三个月以下固定期限劳动合同外,其他的劳动合同是可以约定试用期的;而非全日制用工,双方当事人不可以约定试用期。

根据《中华人民共和国劳动合同法》第二十条:"劳动者在试用期的工资不得低于本单位相同岗位最低档工资或者劳动合同约定工资的百分之八十,并不得低于用人单位所在地的最低工资标准。"因此全日制用工的薪酬,包括试用期工资不得低于"本单位相同岗位最低档工资"的 80%,且不低于用人单位所在地的最低工资标准。

全日制用工必须为劳动者缴纳社会保险。

第二节　非全日制用工的管理和风险防范

《中华人民共和国劳动合同法》规定:非全日制用工是指以小时计酬为主,

劳动者在同一用人单位一般平均每日工作时间不超过 4 小时，每周工作时间不超过 24 小时的用工形式。非全日制用工由于其适应了企业降低人工成本、推进灵活用工客观需要，因此越来越多的企业根据生产经营的需要，采用非全日制用工这一灵活的用工形式，但在具体的用工管理过程中会存在一些风险和责任。

一、不签订书面劳动合同

虽然法律规定非全日制用工双方当事人可以订立口头协议，没有明确要求签订书面合同，但如果因此发生纠纷，易导致用人单位与非全日制劳动者之间的劳动关系被误判为全日制劳动合同关系。

（一）变相签订了全日制劳动合同

实际工作时间超过每天平均 4 小时、每周 24 小时，或劳动报酬结算支付周期超过 15 日等，均不符合非全日制用工要求，即使签订了非全日制用工合同，易导致合同无效，形成事实上的全日制劳动合同关系。

（二）企业没有为非全日制劳动者缴纳工伤保险

一旦劳动者发生工伤事故，企业不仅要按照工伤保险的待遇承担相应的赔偿责任，而且其违法行为还要受到相应的行政处罚。

二、非全日制用工的风险防范

对于可能出现的上述情况，建议在非全日制用工方面做好如下工作，有效进行风险防范。

（一）签订书面的非全日制劳动合同，明确非全日制用工形式，并将相关的工作任务、劳动时间、报酬支付、社会保险等约定清晰。

（二）企业非全日制用工与《中华人民共和国劳动合同法》有关规定严重不符的，应进行必要的调整，如增加用工人数、减少单人工作时间等。或者部分用工任务改用其他合法规范的形式，如劳务派遣、服务外包等，形成多样化的用工形式，解决全日制用工形式单一、缺乏灵活性问题，降本增效完成工作任务。

（三）依据法律规定，非全日制用工的基本养老保险、医疗保险（含生育）由用人单位通过工资的形式支付劳动者，由劳动者自己缴纳；工伤保险属强制保险，由用工单位进行缴纳。对于企业来说，则应从经济效益、社会效益的长远利益考虑，按照国家法律规定为非全日制劳动者缴纳工伤保险。

非全日制用工小时计酬标准不得低于用人单位所在地人民政府规定的最低小时工资标准，非全日制用工劳动报酬结算支付周期最长不得超过15日。

第三节　各种灵活用工模式

一、什么是灵活用工

灵活用工是针对企业在面临人员编制紧张、旺季人才短缺、项目用工短缺、三期员工短期替补等难题，对那些替代性、临时性、辅助性的岗位，由专业的人力资源服务机构向客户派驻员工的一种特殊用工形式。

灵活用工等同于"灵活派遣"，是人才派遣服务领域的成长型产品，其由派遣公司承担全方位的法定雇主责任，在派管人数的确定、派管周期、派管人才的筛选方面都非常灵活的一种用工形式。

灵活用工指全日制劳动用工以外的四种形态：包含以非全日制用工为代表的时间上的灵活，以劳务派遣为代表的雇佣形式上的灵活，以业务外包为代表的服务形态上的灵活，以平台型用工为代表的就业形式上的灵活。

在国内，灵活用工的主要形式为岗位外包服务，其由人力资源服务机构承担全方位的法定雇主责任，包括此岗位专业人员的招聘、薪酬发放、培训等各个环节。同时，由人力资源服务机构承担所有用人风险，在用工人数、周期及人才的筛选方面都非常灵活。

在欧美一些国家，灵活用工应用十分广泛，主要用来解决突增的、巅峰期的、季节性的人员需求，以及在内部资源无法满足业务需求时获得特殊专业性人才、替代缺席员工等。

二、岗位外包的分类

在岗位外包方面分为专业人员岗位外包和通用人员岗位外包。

专业人员岗位外包是指用工企业将某些需要专业技能的岗位或某一项工作整体外包给专业的人力资源服务机构，人力资源服务机构对此外包的岗位全权负责，其中包括该岗位专业人员的招聘、薪酬发放、培训等各个环节。同时，由人力资源服务机构承担所有用人风险。专业人员岗位外包主要包含工程研发岗位外包、工程项目岗位外包、医药研发岗位外包等。

通用人才岗位外包是指用人单位将非专业性工作外包给劳务公司，双方签订劳务派遣协议或专业劳务承包协议，并由劳务公司承担所有的人事风险责任。通用人员岗位外包主要包括生产及服务类岗位和办公室类岗位外包。

三、岗位外包和劳务派遣的区别

岗位外包与劳务派遣从工作形式看差异不大，因此二者极易混淆，但实际上二者有着本质区别。

（一）遵循的法律不同

岗位外包指的是经营方式的外包，即将岗位、业务、工作等通过某种方式交由第三方通过承包、承揽等形式完成要求的经营方式。此种外包方式遵循合同法、民法、经济法等。劳务派遣是用工方式，是将企业与劳动者之间的劳动关系和工作关系分开，劳动关系由第三方建立，而企业只负责管理劳动者完成工作任务。此种外包方式遵循劳动法、劳动合同法等。

（二）覆盖范围不同

岗位外包可以覆盖企事业单位的任何业务（国家规定的机密业务，在许可的范围内也可以外包），在国家法律法规范围内不受任何时间、数量、形式等条件影响（只需满足发包方要求）。劳务派遣只可在临时性、辅助性、可替代性岗位中使用，并且企业劳务派遣人数不得高于10%。

（三）责任承担不同

岗位外包的发包方不承担外包过程中任何针对劳动者的责任，只需要按时支付承包方相应承包费用即可。劳务派遣方式下劳动者出现需要补偿、赔偿等情形的，企业需要与用人单位（第三方）一起承担连带责任。

（四）工作内容不同

岗位外包的发包方工作主要有制定岗位任务完成目标、考核承包方完成结果等。劳务派遣中企业需要与第三方机构一起参与到员工人力资源管理（招聘、培训、薪酬、社保公积金、员工纠纷……）的各个细节中来，同时还需要负责员工的工作管理。

四、新型灵活用工模式

共享经济改变了人们对衣食住行的认知，也改变了对工作的理解。传统认知下，当我们需要某项服务时，首先会想到找相关的公司，然后由公司安排一个服务者为消费者提供服务。

在资讯发达的年代里，企业不再以关联消费者和服务者的中介角色出现，而是提供一个平台，让消费者直接与服务者联系，不仅为消费者节省了大量的沟通和时间成本，在服务体验上也大大提升，这就出现了平台用工、众包用工和共享用工。在互联网日益发达的当下，这3种用工模式被越来越多的企业运用。

对劳动者而言，这些工作模式方便灵活，能够让自己更好地支配自己的工作时间和工作量，主动性也更强。对企业而言，只需搭建一个信息平台，就可以激活整个服务流程，企业也无须付出大量的劳动成本，效率大大提升。

平台用工、众包用工、共享用工主要是指劳动者加入线上双向信息连接的平台后，通过平台派单或自我宣传，与消费者直接产生连接。

在这3种模式下，企业与服务者不再是劳动关系，而是合作的关系。劳动者有更大的灵活性和自主性，无须担心劳动关系的约束，还可以灵活地选择工作量和工作时间。这3种用工模式覆盖的范围有生活服务，如家政、保姆、居家维护等；交通出行，如共享出行、专车服务、代驾司机等；配送服务，如外卖配送、快递物流等；专业顾问，如互联网医疗、在线法律顾问等；在线教育，如在线授课、在线辅导、知识付费等；还有设计服务、营销服务、程序开发、翻译等。

第十四章
其他风险防范与处理实务

第一节 劳动保护中有关女职工保护的法规

《中华人民共和国劳动法》对于劳动保护的规定有：用人单位和劳动者应当遵守有关劳动安全卫生的法律规定。对女职工与未成年工应进行特殊保护，未成年工是指年满16周岁未满18周岁的劳动者。劳动安全设施和劳动卫生条件不符合要求、强令劳动者违章冒险作业、非法雇用童工、侵害女职工和未成年工合法权益等行为均应承担相应的法律责任。

2012年公布并施行的《女职工劳动保护特别规定》，明确了有关女职工的劳动保护。全文法条如下：

该规定如下：

第一条 为了减少和解决女职工在劳动中因生理特点造成的特殊困难，保护女职工健康，制定本规定。

第二条 中华人民共和国境内的国家机关、企业、事业单位、社会团体、个体经济组织以及其他社会组织等用人单位及其女职工，适用本规定。

第三条 用人单位应当加强女职工劳动保护，采取措施改善女职工劳动安全卫生条件，对女职工进行劳动安全卫生知识培训。

第四条 用人单位应当遵守女职工禁忌从事的劳动范围的规定。用人单位应当将本单位属于女职工禁忌从事的劳动范围的岗位书面告知女职工。

女职工禁忌从事的劳动范围由本规定附录列示。国务院安全生产监督管理部门会同国务院人力资源社会保障行政部门、国务院卫生行政部门根据经济社会发展情况，对女职工禁忌从事的劳动范围进行调整。

第五条 用人单位不得因女职工怀孕、生育、哺乳降低其工资、予以辞退、与其解除劳动或者聘用合同。

第六条 女职工在孕期不能适应原劳动的，用人单位应根据医疗机构的证明,予以减轻劳动量或者安排其他能够适应的劳动。

对怀孕 7 个月以上的女职工,用人单位不得延长劳动时间或者安排夜班劳动,并应当在劳动时间内安排一定的休息时间。

怀孕女职工在劳动时间内进行产前检查,所需时间计入劳动时间。

第七条　女职工生育享受 98 天产假,其中产前可以休假 15 天;难产的,增加产假 15 天;生育多胞胎的,每多生育 1 个婴儿,增加产假 15 天。

女职工怀孕未满 4 个月流产的,享受 15 天产假;怀孕满 4 个月流产的,享受 42 天产假。

第八条　女职工产假期间的生育津贴,对已经参加生育保险的,按照用人单位上年度职工月平均工资的标准由生育保险基金支付;对未参加生育保险的,按照女职工产假前工资的标准由用人单位支付。

女职工生育或者流产的医疗费用,按照生育保险规定的项目和标准,对已经参加生育保险的,由生育保险基金支付;对未参加生育保险的,由用人单位支付。

第九条　对哺乳未满 1 周岁婴儿的女职工,用人单位不得延长劳动时间或者安排夜班劳动。

用人单位应当在每天的劳动时间内为哺乳期女职工安排 1 小时哺乳时间;女职工生育多胞胎的,每多哺乳 1 个婴儿每天增加 1 小时哺乳时间。

第十条　女职工比较多的用人单位应当根据女职工的需要,建立女职工卫生室、孕妇休息室、哺乳室等设施,妥善解决女职工在生理卫生、哺乳方面的困难。

第十一条　在劳动场所,用人单位应当预防和制止对女职工的性骚扰。

第十二条　县级以上人民政府人力资源社会保障行政部门、安全生产监督管理部门按照各自职责负责对用人单位遵守本规定的情况进行监督检查。

工会、妇女组织依法对用人单位遵守本规定的情况进行监督。

第十三条　用人单位违反本规定第六条第二款、第七条、第九条第一款规定的,由县级以上人民政府人力资源社会保障行政部门责令限期改正,按照受侵害女职工每人1000元以上5000元以下的标准计算，处以罚款。

用人单位违反本规定附录第一条、第二条规定的，由县级以上人民政府安全生产监督管理部门责令限期改正，按照受侵害女职工每人1000元以上5000元以下的标准计算，处以罚款。用人单位违反本规定附录第三条、第四条规定的，由县级以上人民政府安全生产监督管理部门责令限期治理，处5万元以上30万元以下的罚款；情节严重的，责令停止有关作业，或者提请有关人民政府按照国务院规定的权限责令关闭。

第十四条　用人单位违反本规定，侵害女职工合法权益的，女职工可以依法投诉、举报、申诉，依法向劳动人事争议调解仲裁机构申请调解仲裁，对仲裁裁决不服的，依法向人民法院提起诉讼。

第十五条　用人单位违反本规定，侵害女职工合法权益，造成女职工损害的，依法给予赔偿；用人单位及其直接负责的主管人员和其他直接责任人员构成犯罪的，依法追究刑事责任。

第十六条　本规定自公布之日起施行。1988年7月21日国务院发布的《女职工劳动保护规定》同时废止。

第二节　禁止招用未成年人的法规

《中华人民共和国劳动法》第十五条禁止用人单位招用未满16周岁的未成年人。文艺、体育和特种工艺单位招用未满16周岁的未成年人，必须依照国家有关规定，履行审批手续，并保障其接受义务教育的权利。

中华人民共和国国务院令第364号《禁止使用童工规定》第二条明确规定："国家机关、社会团体、企业事业单位、民办非企业单位或者个体工商户（以下统称用人单位）均不得招用不满16周岁的未成年人（招用不满16周岁的未成年人，以下统称使用童工）。禁止任何单位或者个人为不满16周岁的未成年人介绍就业。禁止不满16周岁的未成年人开业从事个体经营活动。"

第三条规定:"不满16周岁的未成年人的父母或者其他监护人应当保护其身心健康,保障其接受义务教育的权利,不得允许其被用人单位非法招用。不满16周岁的未成年人的父母或者其他监护人允许其被用人单位非法招用的,所在地的乡(镇)人民政府、城市街道办事处以及村民委员会、居民委员会应当给予批评教育。"

第四条规定:"用人单位招用人员时,必须核查被招用人员的身份证;对不满16周岁的未成年人,一律不得录用。用人单位录用人员的录用登记、核查材料应当妥善保管。"

第五条规定:"县级以上各级人民政府劳动保障行政部门负责本规定执行情况的监督检查。县级以上各级人民政府公安、工商行政管理、教育、卫生等行政部门在各自职责范围内对本规定的执行情况进行监督检查,并对劳动保障行政部门的监督检查给予配合。工会、共青团、妇联等群众组织应当依法维护未成年人的合法权益。任何单位或者个人发现使用童工的,均有权向县级以上人民政府劳动保障行政部门举报。"

第六条规定:"用人单位使用童工的,由劳动保障行政部门按照每使用一名童工每月处5000元罚款的标准给予处罚;在使用有毒物品的作业场所使用童工的,按照《使用有毒物品作业场所劳动保护条例》规定的罚款幅度,或者按照每使用一名童工每月处5000元罚款的标准,从重处罚。劳动保障行政部门并应当责令用人单位限期将童工送回原居住地交其父母或者其他监护人,所需交通和食宿费用全部由用人单位承担。

用人单位经劳动保障行政部门依照前款规定责令限期改正,逾期仍不将童工送交其父母或者其他监护人的,从责令限期改正之日起,由劳动保障行政部门按照每使用一名童工每月处1万元罚款的标准处罚,并由工商行政管理部门吊销其营业执照或者由民政部门撤销民办非企业单位登记;用人单位是国家机关、事业单位的,由有关单位依法对直接负责的主管人员和其他直接责任人员给予降级或者撤职的行政处分或者纪律处分。"

第七条规定:"单位或者个人为不满16周岁的未成年人介绍就业的,由劳动保障行政部门按照每介绍一人处5000元罚款的标准给予处罚;职业中介机构为不满16周岁的未成年人介绍就业的,并由劳动保障行政部门吊销其职业介绍许可证。"

第八条规定:"用人单位未按照本规定第四条的规定保存录用登记材料,或者伪造录用登记材料的,由劳动保障行政部门处1万元的罚款。"

第九条规定:"无营业执照、被依法吊销营业执照的单位以及未依法登记、备案的单位使用童工或者介绍童工就业的,依照本规定第六条、第七条、第八条规定的标准加一倍罚款,该非法单位由有关的行政主管部门予以取缔。"

第十条规定:"童工患病或者受伤的,用人单位应当负责送到医疗机构治疗,并负担治疗期间的全部医疗和生活费用。

童工伤残或者死亡的,用人单位由工商行政管理部门吊销营业执照或者由民政部门撤销民办非企业单位登记;用人单位是国家机关、事业单位的,由有关单位依法对直接负责的主管人员和其他直接责任人员给予降级或者撤职的行政处分或者纪律处分;用人单位还应当一次性地对伤残的童工、死亡童工的直系亲属给予赔偿,赔偿金额按照国家工伤保险的有关规定计算。"

第十一条规定:"拐骗童工,强迫童工劳动,使用童工从事高空、井下、放射性、高毒、易燃易爆以及国家规定的第四级体力劳动强度的劳动,使用不满14周岁的童工,或者造成童工死亡或者严重伤残的,依照刑法关于拐卖儿童罪、强迫劳动罪或者其他罪的规定,依法追究刑事责任。"

第十二条规定:"国家行政机关工作人员有下列行为之一的,依法给予记大过或者降级的行政处分;情节严重的,依法给予撤职或者开除的行政处分;构成犯罪的,依照刑法关于滥用职权罪、玩忽职守罪或者其他罪的规定,依法追究刑事责任:

(一)劳动保障等有关部门工作人员在禁止使用童工的监督检查工作中发现使用童工的情况,不予制止、纠正、查处的;(二)公安机关的人民警察违反规定发放身份证或者在身份证上登录虚假出生年月的;(三)工商行政管理部门工作人员发现申请人是不满16周岁的未成年人,仍然为其从事个体经营发放营业执照的。"

第十三条规定:"文艺、体育单位经未成年人的父母或者其他监护人同意,可以招用不满16周岁的专业文艺工作者、运动员。用人单位应当保障被招用的不满16周岁的未成年人的身心健康,保障其接受义务教育的权利。文艺、体育单位招用不满16周岁的专业文艺工作者、运动员的办法,由国务院劳动保障行政部门会同国务院文化、体育行政部门制定。

学校、其他教育机构以及职业培训机构按照国家有关规定组织不满16周岁的未成年人进行不影响其人身安全和身心健康的教育实践劳动、职业技能培训劳动,不属于使用童工。"

国务院发布的《禁止使用童工规定》(国务院令第81号)中对文艺工作者、运动员、艺徒的概念界定如下:

文艺工作者,系指专门从事表演艺术工作的人员。

运动员,系指专门从事某项体育运动训练和参加比赛的人员。

艺徒,系指在杂技、戏曲以及工艺美术等领域从师学艺的人员。

文艺、体育和特种工艺单位,确需招用未满16周岁的文艺工作者、运动员和艺徒时,要严格按照国务院《禁止使用童工规定》中的有关规定,报经县级以上(含县级)劳动行政部门批准。招用后,用人单位应切实保护他们的身心健康,促使他们在德、智、体诸方面健康成长,并应负责创造条件,保证少年、儿童依法接受当地规定年限的义务教育。

第三节 商业秘密与竞业限制的使用与风险防范

对于保密协议与竞业限制协议,很多企业容易混淆,但两者之间有如下区别。

一、义务不同

保密协议属于法定义务,是基于法律规定或劳动合同附属协议来确定的,劳动者在用人单位工作,有义务保守公司的商业机密。竞业限制协议则不同,只有公司与员工签订了竞业限制协议,员工才能有义务遵守相关约定。

二、主体不同

公司可以跟所有员工签订保密协议,但竞业限制协议只限于公司高管人员、技术人员或有关人员,没有接触公司核心商业机密的员工,可以不与公司签订竞业限制协议。

三、内容不同

保密协议强调无论员工在职还是离职都不得泄露公司的商业机密。竞业限制协议则强调在竞业限制期间,不得到同行单位工作,或从事公司相关业务的工作。

四、期限不同

保密协议期限一般较长,从员工知道公司商业机密到商业机密解除前或商业机密保护期结束前这段时间,员工都有义务保守公司的商业机密。竞业限制协议有约定的期限,一般不超过两年。

五、责任不同

保密协议不能直接约定违约金,但因劳动者泄密导致公司经济损失的,公司可以根据实际经济损失情况酌情要求其承担赔偿责任。竞业限制协议则可以约定违约金,若劳动者违反则按照约定向公司支付违约金。

六、履行不同

保密协议往往是企业不需要支付保密费,劳动者也要承担保密义务,这是劳动者的法定义务。竞业限制协议则不同,公司需要先向劳动者支付竞业限制补偿金,才能要求劳动者按竞业限制协议履行义务,如果公司没有支付竞业限制补偿金,即便劳动者签订了竞业限制协议,也可以不受竞业限制协议的约束。

第四节　专项培训的使用与管理

专项培训，也叫专业技能培训，企业应垫付培训费，但是可以和劳动者约定服务期和违约金，如果劳动者在服务期内离职的，用人单位可以申请劳动仲裁，要求该劳动者按照双方的约定支付相应违约金。

《中华人民共和国劳动合同法》第二十二条规定：用人单位为劳动者提供专项培训费用，对其进行专业技术培训的，可以与该劳动者订立协议，约定服务期。

劳动者违反服务期约定的，应当按照约定向用人单位支付违约金。违约金的数额不得超过用人单位提供的培训费用。用人单位要求劳动者支付的违约金不得超过服务期尚未履行部分所应分摊的培训费用。

一般来说，从内涵上看，专项培训费用是用人单位为了对劳动者进行专业技术培训而支付的费用，上岗前关于安全生产、操作流程等的培训不在此列；从外延上看，用人单位为劳动者支付的专项培训费用既包括直接费用如培训费，也包括间接费用如培训期间的差旅费等。

但是，实践中对违约金数额大小、哪些费用属于培训费用等问题存在不同观点。为更好地实施劳动合同法有关服务期的规定，防止用人单位在计算违约金时不合理地扩大数额，维护用人单位和劳动者的合法权益，《中华人民共和国劳动合同法实施条例》第十六条规定：劳动合同法第二十二条第二款规定的培训费用，包括用人单位为了对劳动者进行专业技术培训而支付的有凭证的培训费用、培训期间的差旅费用以及因培训产生的用于该劳动者的其他直接费用。

在这个问题上，建议用人单位应注意这样几点：一是不要在试用期内培训员工；二是一次性培训费用不要太大；三是培训结束后，培训费用应让本人签名确认,交财务部门保存,以备不时之需;四是双方约定服务期的同时,不要忘了约定缩短服务期的赔偿方式。

第五节　职业健康风险防范

职业健康与职业卫生是研究劳动条件对劳动者健康的影响,以及改善劳动条件,防范职业病的一门预防医学科学。只有创造合理的劳动工作条件,才能使所有从事劳动的人员在体格、精神、社会适应等方面都保持健康;只有防止职业病和与职业有关的疾病,才能降低病伤缺勤,提高劳动生产率。

职业健康风险防范中首当其冲的,是法定职业病,即国家政府主管部门明文规定的职业病,是指企业、事业单位和个体经济组织的劳动者在职业活动中,因接触粉尘、放射性物质和其他有毒、有害物质等因素而引起的疾病。目前我国政府认可并可获得工伤保险赔偿的职业病主要有10大类、115种,详见法定职业病目录。

职业病属于职业性病损,是指由于预防工作的疏忽及技术局限性,使健康受到损害而引起的职业性病损,包括工伤、职业病(职业中毒)和与工作有关的疾病。

1987年由卫生部、劳动人事部、财政部、中华全国总工会颁布的《职业病范围和职业病患者处理办法的规定》规定了9类99种职业病。目前新修订的职业病目录共有10大类、115种。《中华人民共和国职业病防治法》规定:所有用人单位的劳动者都受该法保护。不管用人单位属什么性质,属什么经济类型,是否与劳动者签订劳动合同,只要用人单位与劳动者存在着事实雇佣关系,其劳动者即受该法保护。此外,国家机关、人民军队等特殊用人单位的工作人员的职业卫生保护亦参照该法执行。

劳动者依法享有以下职业卫生健康保护的权利:

(1)享受健康培训权,依法获得职业健康和职业卫生教育与培训的机会；

（2）享受健康服务权，依法获得职业健康检查、职业病诊疗、康复等职业病防治服务；

（3）享受知情权，有权了解工作场所产生或者可能产生的职业危害因素、危害程度、危害后果、防护措施以及相关待遇等；

（4）享受卫生防护权，有权要求用人单位提供符合预防职业病要求的职业病防护设施和个人使用的职业病防护用品，改善工作条件；

（5）享受批评、检举、控告权，对违反职业病防治法律、法规以及危及生命健康的行为提出批评、检举和控告；

（6）享受拒绝违章作业权，有权拒绝违章指挥和强令进行没有职业病防护措施的作业；

（7）享受参与决策权，参与用人单位职业卫生工作的民主管理，对职业病防治工作提出意见和建议；

（8）享受工伤社会保险权；

（9）享受赔偿权，对职业危害造成的健康损害有依法要求赔偿的权利；

（10）享受特殊保障权，未成年工、女工、特殊生理或病理状态劳动者依法享有特殊职业卫生保护。

劳动者发现自己的职业卫生保护权利受到侵害，应当拿起法律武器保障自己的合法权益。

很多职业病的伤害是不可逆的，如尘肺、矽肺患者的肺组织纤维化，且晚期矽肺患者很痛苦，生命质量很差。

大多数职业病是能预防的，而用人单位有义务提醒和告诫劳动者预防职业病，并为此做出一些实际的工作。

用人单位对劳动者有健康保障义务。用人单位应当采取有效的职业病危害防护措施，为劳动者提供符合国家职业卫生标准和卫生要求的工作场所、环境和条件。

用人单位有职业卫生管理义务。用人单位应当建立健全职业病防治责任制、职业卫生管理组织机构和职业卫生管理制度。

用人单位有保险义务，应当依法参加工伤社会保险。

用人单位有报告义务。用人单位应当及时、如实地向卫生行政部门申报职业病危害项目、职业病危害事故和职业病危害检测、评价结果。

用人单位还有卫生防护义务，其必须采取有效的职业病防护设施，并为劳动者提供个人职业病防护用品。

为了减少职业病危害，用人单位应当采用有利于防治职业病和保护劳动者健康的新技术、新工艺、新材料，逐步替代职业危害严重的技术、工艺、材料，并定期对工作场所进行职业病危害检测和评价。

总之，为了预防和治理职业病危害因素，用人单位必须投入一定的资金定期进行职业健康体检。当劳动者遭受或者可能遭受急性职业病危害时，用人单位应当及时组织救治，进行健康体检和医学观察，所需费用由用人单位承担。凡确诊患有职业病的职工，享受国家规定的工伤保险待遇或职业病待遇。此外，从事有害作业的职工，因按规定接受职业性健康检查所占用的工作时间，应按正常出勤处理。如职业病防治机构认为需要住院做进一步检查，不论其最后是否被诊断为职业病，在此期间都按职业病待遇对待。

第十五章
劳动争议的风险防范与处理实务

第一节　是否属于劳动争议的甄别

明确劳动争议的范围，对于依法受理和处理的劳动争议案件，合法、及时、公正地保护当事人的合法权益非常重要。《中华人民共和国劳动争议调解仲裁法》总结多年来劳动争议处理实践，明确下列劳动争议适用本法：

（1）因确认劳动关系发生的争议；

（2）因订立、履行、变更、解除和终止劳动合同发生的争议；

（3）因除名、辞退和辞职、离职发生的争议；

（4）因工作时间、休息休假、社会保险、福利、培训以及劳动保护发生的争议；

（5）因劳动报酬、工伤医疗费、经济补偿或者赔偿金等发生的争议；

（6）法律、法规规定的其他劳动争议。

解决劳动争议，应当根据事实，遵循合法、公正、及时、着重调解的原则，依法保护当事人的合法权益。

发生劳动争议，劳动者可以与用人单位协商，也可以请工会或者第三方共同与用人单位协商，达成和解协议。

第二节　劳动争议管辖地的选择

《中华人民共和国劳动争议调解仲裁法》第二十一条："劳动争议仲裁委员会负责管辖本区域内发生的劳动争议。劳动争议由劳动合同履行地或者用人单位所在地的劳动争议仲裁委员会管辖。双方当事人分别向劳动合同履行地和用人单位所在地的劳动争议仲裁委员会申请仲裁的，由劳动合同履行地的劳动争议仲裁委员会管辖。"此条规定了劳动争议仲裁的劳动合同履行地优先管辖原则。

若员工起诉，那么员工一般是在劳动合同履行地起诉，这样就不会出现仲裁管辖地与法院管辖地不一致的情形；若企业起诉，那么就有可能出现起诉地与仲裁地不一致的情形；若双方都起诉，那么从便于劳动者的角度出发，应当由劳动合同履行地的法院管辖。

劳动合同履行地与用人单位所在地不一致，是因为仲裁是由劳动者在合同履行地提出的，起诉是由企业在用人单位所在地提出的。

没有在用人单位所在地进行仲裁，依据《最高人民法院关于审理劳动争议案件适用法律若干问题的解释》第八条规定："劳动争议案件由用人单位所在地或者劳动合同履行地的基层人民法院管辖。劳动合同履行地不明确的，由用人单位所在地的基层人民法院管辖。"即劳动合同履行地和用人单位所在地的法院对劳动争议都有管辖权。

因此，在法律上，劳动争议仲裁的管辖地与劳动争议诉讼的管辖地不一致，还需满足以下两个条件：

一是劳动争议仲裁委员会的裁决书没有明确指定起诉法院。

一般来说，仲裁裁决书在这方面的裁决有两种可能，一种是"不服裁决的，任何一方都有权向有管辖权的人民法院提起诉讼"，另一种是"不服裁决的，向某某法院提起诉讼"。

如果裁决书已经指定了明确的管辖法院，那么劳动者和用人单位都只能到指定的法院起诉；如果裁决书没有明确指定管辖权的法院，那么任何一方都可以向劳动合同履行地或用人单位所在地的法院起诉。

二是劳动者没有对仲裁裁决提起诉讼，若劳动者在合同履行地起诉，用人单位在单位所在地起诉，那么就应当由合同履行地的法院管辖这起劳动争议诉讼。

第三节　我国现行劳动争议处理机制

我国现行的劳动争议处理制度既是历史的延伸，又是劳动制度改革的产物。劳动争议处理制度自1949年10月1日以来，走过了"建立、中断、恢复与发展"的历程。劳动争议制度得到了不断的完善，也证明了在新形势下，劳动争议制度的重要性与必要性。当今的劳动争议处理制度是指用劳动立法的形式将劳动争议处理的机构、原则、程序等确定下来，专门用以处理劳动争议的一项法律制度，是由劳动争议处理的各种机构和不同方式在劳动争议处理过程中的各自地位和相互关系所构成的有机整体。

我国现行的劳动争议处理机制为"一调一裁两审制"，处理劳动争议的机构有劳动争议调解委员会、劳动争议仲裁委员会和人民法院三种。依《中华人民共和国劳动法》第十九条和《中华人民共和国企业劳动争议处理条例》第六条以及最高人民法院的有关司法解释与劳动和社会保障部的相关解释，劳动争议发生后，当事人可以向本单位劳动争议调解委员会申请调解，调解不成的可以向劳动争议仲裁委员会申请仲裁；也可以直接向劳动争议仲裁委员会申请仲裁，对仲裁裁决不服的可以向人民法院提起诉讼。我国的劳动争议调解机构是企业的内部机构，是否申请调解当事人可以自愿选择。

劳动争议处理制度建设，涉及劳资双方的共同利益，是推进和谐社会建设的一个十分重要的法律制度建设，体现科学与合理、公平与正义、充分保护职工权益的精神，但是其在实施过程中也存在着一些问题，其处理的法律依据具体如下：

《中华人民共和国劳动法》第七十九条规定："劳动争议发生后，当事人可以向本单位劳动争议调解委员会申请调解；调解不成，当事人一方要求仲裁，可以向劳动争议仲裁委员会申请仲裁。当事人一方也可以直接向劳动争议仲裁委员会申请仲裁。对仲裁裁决不服的，可以向人民法院提起诉讼。"这种劳动争议的解决机制一般被称为"仲裁前置"机制，即劳动争议发生后，当事人应该先向劳动争议仲裁机构提出申请。未经劳动争议仲裁委员会裁决的劳动争议案件，法院不予受理。这使得劳动维权程序变得烦琐、耗时费力，劳动者不敢轻易启动维权程序，不利于让劳动者的合法权益得到及时有效的保护。

劳动争议处理周期长。我国处理劳动争议采取的是"一裁二审"体制，导致劳动争议处理周期长、程序庞杂，但截至目前，我国还没有专门处理劳动争议的诉讼程序，不服仲裁的当事人只能上诉到法院，但法院适用的是民事诉讼程序。《中华人民共和国劳动争议调解仲裁法》规定，劳动仲裁处理劳动争议的时间为45天；案情复杂的可以延期，但延长期限不得超过15日。对仲裁不服，起诉至法院的，对于适用简易程序审理的一审案件，民事诉讼法第一百四十六条规定，审限为三个月。对于适用普通程序审理的一审案件，民事诉讼法第一百三十五条规定，审限为六个月。有特殊情况经院长批准，可延长六个月，报请上级法院批准，可再延长。对判决上诉的二审案件，民事诉讼法第一百五十九条第一款规定，审限为三个月。有特殊情况经院长批准，可以延长。由此可推知，如果一个劳动争议案件穷尽所有法律救济途径的话，很有可能历时一年多。

劳动仲裁与民事诉讼脱节。我国处理劳动争议的劳动仲裁程序和法院的诉讼程序互不衔接、自成一体。劳动争议主要参照的是劳动法规范，民事诉讼法关于专属管辖的规定也未涉及劳动案件的问题。不服劳动仲裁的案件申诉到法院后对同一案件，法院又重新开始审理，重新调查取证，形成劳动仲裁与法院"各裁各的，各判各的"的脱节局面。这不仅增加了法院诉讼负荷，也造成司法资源的浪费。

调解的作用没有完全得到发挥。我国的劳动争议调解机构是企业的内部机构，是否申请调解，当事人可以自愿选择。但企业内的劳动争议调解委员会委员由于受制于雇主，经济上不自由且缺乏权威，再加上大多企业没有建立或健全其组织，从而使得该规定形同虚设。与此同时，劳动者一方对企业本身的调解组织能否公正调解仍存有疑虑，普遍持不信任的态度，出现纠纷之时或者发生争议之后，也不主动找企业内部调解委员会解决，而是直接到劳动仲裁部门申请仲裁。

劳动仲裁裁决不具有终局效力，缺乏权威性。劳动仲裁机构的行政色彩太浓，缺乏独立性。在现行体制下，其在劳动争议处理过程中实际处于"中间环节"的尴尬地位，仲裁要服从审判，当事人不服可以向法院起诉。此外劳动仲裁申请可以由任何一方当事人提起，无须双方当事人同意。

第四节　用人单位对劳动争议的举证规则与技巧

一、用人单位对劳动规章制度的制定和公示的举证责任与技巧

第一，劳动规章制度的制定和修改应严格履行"民主程序"，并保留职工代表大会或者全体职工讨论、协商的相关书面证据。

从法律规定看，劳动规章制度的制定、修改流程为：职工代表大会或者全体职工讨论→提出方案和意见→与工会或者职工代表平等协商确定→公示告知。为此，用人单位在制定和修改规章制度时，必须进行平等协商程序，并务必留好记录，保存好相关证据，如会议纪要、讨论情况和经过、张贴公告的记录等。因为一旦劳资双方在劳动规章制度效力问题上发生争议，用人单位就需要举证证明其规章制度是经过平等协商程序且曾向劳动者公示、告知，如果用人单位不事先保留相应证据，就无法证明相应的内容。

第二，严格履行"公示程序"，在规章制度公示或告知时选择易于举证的公示或告知方式，并保留已公示或告知的书面证据。

规章制度是否向劳动者公示将直接决定用人单位在劳动争议案件中的胜败，按照最高人民法院司法解释及劳动合同法的规定，规章制度只有向劳动者公示才对劳动者产生约束力。司法实践中劳动者往往以其不知道规章制

度的内容为由主张规章制度未公示，用人单位也往往无法提供已经公示的证据，很多单位本应胜诉的案件最终败诉问题往往就出在这里，员工的违纪行为本已经达到了规章制度中规定的解除劳动合同条件，但是员工称不知道有这个制度，单位也无法证明曾向员工公示的证据，最终导致案件败诉。

那么规章制度如何公示才更有利于今后在仲裁庭或法庭举证？

规章制度公示和告知的方法与技巧如下：

（1）员工手册发放（要有员工签领确认）；

（2）内部培训法（注意一定要包括培训时间、地点、参会人员、培训内容、与会人员签到）；

（3）劳动合同约定法；

（4）考试法（开卷或闭卷，保留试卷）；

（5）传阅法（保留员工签名）；

（6）入职登记表声明条款（保存有员工签名的登记表）；

（7）意见征询法（保留员工意见的签名和书面资料）。

尽量避免如下公示方法：

（1）网站公布；

（2）电子邮件告知；

（3）公告栏、宣传栏张贴。

从举证角度考虑，不推荐网站公布法、电子邮件通知法、公告栏张贴法，因为不易于举证。

第三，对于已经存在的劳动规章制度进行合法性审查，从内容和程序两个方面加以补正。

对不符合法律规定的要进行修订或删除，甚至推倒重来，并重新履行法定程序，以使其具有法律效力。

二、用人单位对告知义务和入职审查的举证责任与技巧

《中华人民共和国劳动合同法》第八条规定："用人单位招用劳动者时，应当如实告知劳动者工作内容、工作条件、工作地点、职业危害、安全生产状况、劳动报酬,以及劳动者要求了解的其他情况;用人单位有权了解劳动者与劳动合同直接相关的基本情况,劳动者应当如实说明。"

(一)用人单位有对劳动者告知的义务和入职审查的权利

从《中华人民共和国劳动合同法》的第八条可以看出,作为用人单位,在与劳动者签订劳动合同时,从以下两个方面拥有义务和权利。

1.对本单位与劳动合同直接相关的基本情况具有告知义务

用人单位在与劳动者签订劳动合同时,应当依法告知劳动者相关内容,如劳动者的工作内容、工作条件、工作地点、职业危害、安全生产状况、劳动报酬,以及劳动者要求了解的其他情况等。即使劳动者不提出要求也要主动告知。同时,还应积极采取书面方式保存告知行为的证据。

2.对劳动者与劳动合同直接相关的基本情况具有知情和审查的权利

用人单位对劳动者也有知情权,即有权了解劳动者与劳动合同直接相关的基本情况,如劳动者的年龄、性别、学历、专业技术、工作经历、健康状况等。以上情况,需要劳动者提供有关的书面证明材料,用人单位同样应该好好保留、掌握和管理。

从以上列举可以看出,用人单位的告知内容是比较广泛的,基本上涵盖了劳动关系的全部内容,而劳动者的告知义务相对少很多,只限于与劳动合同直接相关的基本情况,实践中不外乎就是年龄、家庭住址、教育背景、学历、工作经历、是否与前单位解除合同等。而对于与劳动合同没有直接关系的情况,劳动者可以不回答。

(二)用人单位在告知义务和入职审查问题上的法律风险

用人单位未履行入职告知义务和不注重入职审查都将给单位自身带来很大的风险。

1.用人单位未履行告知义务的法律风险

用人单位对应聘人员主动告知是法定的义务。不履行这一法定义务,将影响到劳动合同的效力。根据《中华人民共和国劳动合同法》第二十六条的规定,隐瞒真实情况,诱使对方作出错误的判断而签订劳动合同,可以认定为欺诈，因欺诈手段使对方在违背真实意思的情况下订立的劳动合同可以认定为无效劳动合同。对劳动者知情权的轻视，还可能给用人单位带来很大的法律风险，甚至需要承担严重的法律责任，如不向劳动者告知职业危害，《职业病防治法》规定要对用人单位处以2万至5万元的罚款。

2.用人单位未严格进行入职审查的法律风险

用人单位招聘过程的简单化、形式化，不注重入职审查，轻视入职审查，将对用人单位用工带来很大风险。用人单位如果在招聘时对应聘人员的身份、学历、职业资格、工作经历等核查不严格，而应聘人员又存在弄虚作假的情形的，会导致其无法胜任工作、耗费工资福利待遇、浪费招聘工作管理成本、劳动合同无效等严重后果。最直接的法律风险有以下两个方面：一是不进行入职审查，劳动者以欺诈手段入职的，可导致劳动合同无效。《中华人民共和国劳动合同法》第二十六条规定，以欺诈手段使对方在违背真实意思的情况下订立的劳动合同无效或者部分无效。二是招用与其他用人单位尚未解除或者终止劳动合同的劳动者，给其他用人单位造成损失的，应当承担连带赔偿责任。《中华人民共和国劳动合同法》第九十一条规定，用人单位招用与其他用人单位尚未解除或者终止劳动合同的劳动者，给其他用人单位造成损失的，应当承担连带赔偿责任。

从以上阐述可以看出，劳动者如果投诉用人单位未履行入职告知义务，或者由于用人单位入职审查不严以欺诈为由解除劳动者的劳动合同，用人单位都负有举证的责任。

（三）用人单位告知义务和入职审查的举证技巧与方法

1.用人单位履行告知义务的举证技巧和方法

操作实务中，从举证角度考虑，用人单位应当以书面形式告知劳动者，并保留相关证据。用人单位可以从以下三个方面采取告知措施：

（1）在员工入职登记表中声明。在员工入职登记表中设计有关栏目，要求劳动者在单位告知情况后声明：单位已经告知本人工作内容、工作条件、工作地点、职业危害、安全生产状况、劳动报酬，其他情况，签名确认。

（2）在劳动合同中设计告知条款。这是比较省事的办法，比如在劳动合同关于甲乙双方基本情况中，可以写明一条："甲方应将有关乙方工作内容、工作条件、工作地点、职业危害、安全生产状况、劳动报酬，以及乙方要求了解的其他情况，向乙方提供招聘简章或向乙方口头告知。乙方在本合同书上签字或盖章，视同已接受甲方告知的上述情况。"合同条款写明用人单位已告知，可以防止因知情权带来的法律风险。

（3）要求劳动者提供书面声明。即在书面告知或口头告知后，请劳动者签字认可，并保留作为证据。

2. 用人单位入职审查的举证技巧和方法

劳动者的欺诈手段，基本上是提供虚假资料，如假文凭、假证件、假经历等，因此，用人单位应当建立行之有效的入职审查制度，并且适当运用知情权的法律规定。

（1）设置《员工入职登记表》作为证据。表格中列明劳动者与签订劳动合同有关的各个项目，要求应聘人员如实填写，不得欺骗。用人单位应将《员工入职登记表》作为劳动合同的附件，妥为管理和保存，一旦发现员工有欺诈行为，就可以作为证据处理，该员工不服的，就是最直接有效的证据。

（2）要求劳动者提供相关个人资料留作证据。比如劳动者的身份、学历、资格、工作经历等信息是否真实；是否有潜在疾病、残疾、职业病等；是否年满16周岁或是否退休享受养老保险待遇；是否与其他单位签订有未到期的劳动合同；是否与其他单位签订有竞业限制协议；如果是外国人，是否办理了外国人就业手续。特别是在招用有从业经历的劳动者时，应该要求其提供与前单位的解除或终止劳动合同证明，并保留原件。如尚未解除劳动合同的，要求其原单位出具同意该员工入职的书面证明。同时，还应该要求有从业经历的劳动者承诺未承担竞业限制义务，并向原单位进行核实，以免发生不可预测的诉讼风险。

（3）在劳动合同中设计条款以备作为证据。为了规避出现入职审查不严带来的法律风险，可以在劳动合同中订明："乙方应当按照甲方要求提供可验证的居民身份证或其他有效身份证、学历证书、职业资格证书的复印件，以及最后服务单位的离职证明、婚姻生育证明、甲方指定医院的体检证明等相关资料，并将有关与本劳动合同直接相关的基本情况按甲方提供的《员工招收登记表》，由本人如实填明并作为劳动合同的附件。"这就将提供合法身份证件和其他证件的责任加在了劳动者身上，一旦事后出现问题，还可以采取措施进行补救，不但可以减少损失，还可以动用法律武器制裁欺诈者。

（4）建立职工名册并保留作为证据。《中华人民共和国劳动合同法》第七条规定："用人单位自用工之日起即与劳动者建立劳动关系。用人单位应当建立职工名册备查。"由此可见，建立职工名册是用人单位的法定义务。要求用人单位建立职工名册备查的目的是避免劳动者在发生劳动纠纷时出现举证困难，难以证明双方劳动关系的存续情况。有这个规定，由于职工名册是由用人单位掌握和管理的，用人单位就负有举证义务了。

《中华人民共和国劳动合同法实施条例》第八条对"职工名册"应当包括的内容做了具体规定："劳动合同法第七条规定的职工名册，应当包括劳动者姓名、性别、公民身份证号码、户籍地址及现住址、联系方式、用工形式、用工起始时间、劳动合同期限等内容。"看来，按照《实施条例》第八条规定建立职工名册绝不是一件小事，没有职工名册的，或者有职工名册却没有规定的项目和内容的，都要承担不利的法律后果，甚至要受到行政处罚。《中华人民共和国劳动合同法实施条例》第三十三条规定："用人单位违反劳动合同法有关建立职工名册规定的，由劳动行政部门责令限期改正；逾期不改正的，由劳动行政部门处 2000 元以上 2 万元以下的罚款。"

职工名册的证据力实际上对用人单位和劳动者双方都具有重要作用。对那些不辞而别的职工，职工名册就是用人单位向他追索赔偿的重要证据；而从职工方面来说，职工名册是用人单位和其存在劳动关系的最好证明。当然，对劳动行政部门执法检查者来说，职工名册是首先必须检查的资料。

三、用人单位对劳动合同订立的举证责任与技巧

（一）用人单位对员工是否订立劳动合同要负举证责任

1.用人单位不与劳动者签订书面劳动合同将承担不利的法律后果

为了破解实践中事实劳动关系的泛滥和用人单位不订立劳动合同的顽疾，《中华人民共和国劳动合同法》强调劳动合同的书面化，不管订立、变更、解除、终止一律采取书面形式。《中华人民共和国劳动合同法》第十条规定："建立劳动关系，应当订立书面劳动合同。已建立劳动关系，未同时订立书面劳动合同的，应当自用工之日起一个月内订立书面劳动合同。"《中华人民共和国劳动合同法》第八十二条规定："用人单位自用工之日起超过一个月不满一年未与劳动者订立书面劳动合同的，应当向劳动者每月支付二倍的工资。"《中华人民共和国劳动合同法》第十四条第三款规定："用人单位自用工之日起满一年不与劳动者订立书面劳动合同的，视为用人单位与劳动者已订立无固定期限劳动合同。"《中华人民共和国劳动合同法实施条例》也做了与此相关的实施规定。

2.用人单位对拒签劳动合同的劳动者要注意保存证据并及时采取处理措施

首先，用人单位必须革新用工观念，建立先订合同后用工的习惯，最迟必须在一个月内订立合同；劳动合同终止后，劳动者仍在用人单位继续工作的，抛弃双方可随时终止劳动合同的观念，也应当在一个月内续订劳动合同。《中华人民共和国劳动合同法实施条例》第六条规定："自用工之日起一个月内，经用人单位书面通知后，劳动者不与用人单位订立书面劳动合同的，用人单位应当书面通知劳动者终止劳动关系，无需向劳动者支付经济补偿，但是应当依法向劳动者支付其实际工作时间的劳动报酬。"《实施条例》的这一规定，对劳动者拒绝与用人单位签订劳动合同的，给了用人单位一个终止劳动关系的选择权。当然，这里用人单位需举证证明已经书面通知劳动者签订合同，而劳动者不签订书面劳动合同。因此，用人单位应当具有证据意识，在书面通知送达时应当有劳动者的签收证据或其他可证明已经向

劳动者送达书面通知的证据,否则事后可能发生争议纠纷,而用人单位无法举证。

那么,对于拒绝与用人单位签订劳动合同的劳动者,还可以采取哪些处理方法呢?①对初来应聘的可以不予录用。②对已经招收并且用工的要保留相关证据,在一个月之内向劳动者送达签订合同通知书,要求劳动者必须书面表示意见,如果书面拒绝要作为证据保存;用人单位应当在一个月内书面通知劳动者终止劳动关系,并且不向其支付经济补偿。③对已经超过一个月拒绝与用人单位签订劳动合同的劳动者,除保留好有关拒签的书面证据外,应当严肃向其提出不签劳动合同是违法行为也是严重违反规章制度的行为,可以按照《中华人民共和国劳动合同法》第三十九条的规定随时通知解除事实劳动关系,只支付正常工资,不支付经济补偿。

3.用人单位要做好为劳动关系是否存在举证的证据保存工作

《中华人民共和国劳动合同法》第七条规定,用人单位自用工之日起即与劳动者建立劳动关系。这一规定明白无误地告诉大家:用人单位与劳动者之间是否存在劳动关系,用工才是唯一标准。只要有了用工的事实,劳动关系就已经建立,且这种劳动关系就是合法的,就要受到法律的保护。据此,今后再也不存在所谓事实劳动关系的问题了。

劳动和社会保障部早在2005年就专门发布了《关于确立劳动关系有关事项的通知》,其明确规定了认定用人单位和劳动者存在劳动关系可参照的凭证,包括:

(1)工资支付凭证或记录(职工工资发放花名册)、缴纳各项社会保险费的记录;

(2)用人单位向劳动者发放的"工作证""服务证"等能够证明身份的证件;

(3)劳动者填写的用人单位招工招聘"登记表""报名表"等招用记录;

(4)考勤记录;

(5)其他劳动者的证言等。

其中，本通知明确规定（1）（3）（4）项的有关凭证的举证责任在用人单位，因此用人单位必须保存这些资料为提供证据做准备，否则就要承担对本单位不利的后果。劳动保障部这一通知还规定了用人单位种种事实劳动关系也需要支付经济补偿金。由此可见，用人单位运用事实劳动关系的形成来逃避责任的空间已经非常狭小。根据《中华人民共和国劳动合同法》的有关规定，用人单位如果拖延不与劳动者订立书面劳动合同，将承担更加严重的法律后果。

（二）用人单位对订立无固定期限劳动合同应负的举证责任

1.用人单位与劳动者协商一致签订无固定期限劳动合同的几种情形

（1）劳动者在该用人单位连续工作满十年的；

（2）用人单位初次实行劳动合同制度或者国有企业改制重新订立劳动合同时，劳动者在该用人单位连续工作满十年且距法定退休年龄不足十年的；

（3）连续订立二次固定期限劳动合同，且劳动者没有《中华人民共和国劳动合同法》第三十九条和第四十条第一项、第二项规定的情形，续订劳动合同的。

（4）用人单位自用工之日起满一年不与劳动者订立书面劳动合同的，视为用人单位与劳动者已订立无固定期限劳动合同。

2.用人单位在签订无固定期限劳动合同问题上的举证责任

根据《中华人民共和国劳动合同法》第十四条的规定，劳动者提出或者同意续订、订立劳动合同的，除劳动者提出订立固定期限劳动合同外，应当订立无固定期限劳动合同。《中华人民共和国劳动合同法》第十四条的实施有几个问题需要用人单位提供证据：

（1）用人单位要证明劳动者在本单位的连续工作年限有十年或不够十年。

（2）用人单位要证明本单位是不是初次实行劳动合同制度，是不是国有企业改制重新订立劳动合同。

（3）用人单位要证明劳动者是不是已经订立了两次固定期限劳动合同，

如果劳动者要求续订固定期限劳动合同的，用人单位还要保留劳动者的书面意见作为证据。

用人单位需要防止两种风险。一种可能的风险是：在劳动者符合法定三种情形时，用人单位与劳动者订立固定期限劳动合同，劳动者也默认接受，但时隔数月或者数年，突然要求单位从该固定期限合同订立之日开始每月支付两倍工资，从法律规定看，其主张是可以成立的，因为劳动者并没有提出过订立固定期限劳动合同，用人单位本应当主动订立无固定期限劳动合同。还有一种可能的风险是：劳动者口头要求订立固定期限劳动合同，用人单位依劳动者的意思订立，但履行一段时间后，劳动者反悔，要求用人单位支付两倍工资，如果用人单位不能举证系劳动者提出的订立固定期限劳动合同，则面临支付两倍工资的风险。

3.用人单位在签订无固定期限劳动合同时保存证据的方法

当劳动者符合上述各项情形，订立劳动合同前，用人单位应当增强证据意识，实践中建议以书面形式向劳动者征询需订立哪种类型的合同，如劳动者同意订立固定期限劳动合同或主动提出订立固定期限劳动合同的，用人单位一定要保留劳动者同意的书面证据，避免事后被劳动者利用而导致用工成本增加的风险。

四、用人单位对支付劳动报酬的举证责任和技巧

根据有关法律法规和规章的规定，用人单位对支付劳动者劳动报酬应该举证的有以下事项：

（1）内部工资支付制度、集体合同或工资集体协议；

（2）劳动合同；

（3）用人单位编制的工资支付表（工资支付花名册）。工资支付表必须载明支付单位、支付时间、支付对象的姓名、工作天数、加班时间、应发的项目和金额、扣除的项目和金额等事项；

（4）用人单位工资支付清单和劳动者领取工资的签收手续。

（5）为实行同工同酬举证。《中华人民共和国劳动合同法》第十一条和

第十八条都规定了劳动报酬约定不明的处理，其中兜底的方式就是实行同工同酬。这两条中的"同工同酬"，是指用人单位对于从事相同工作、付出等量劳动且取得相同劳绩的劳动者应支付同等的劳动报酬。操作实务中，实行同工同酬也存在一个举证问题，从事相同工作容易举证，但是付出等量劳动且取得相同劳绩却不容易举证。

《中华人民共和国劳动争议调解仲裁法》第六条规定："发生劳动争议，当事人对自己提出的主张，有责任提供证据。与争议事项有关的证据属于用人单位掌握管理的，用人单位应当提供；用人单位不提供的，应当承担不利后果。"

《中华人民共和国劳动争议调解仲裁法》采取"谁主张谁举证"与"谁作为谁举证"、"谁存证谁举证"相结合的原则来决定举证责任的分配，在这方面作出了倾向于劳动者的规定，对于保护劳动争议案中弱势群体的利益有着非常重要的作用。其中最需要用人单位注意的是：与争议事项有关的证据属于用人单位掌握管理的，用人单位应当提供；用人单位不提供的，应当承担不利后果。据此，在劳动争议处理过程中，提供和保留自己掌握与管理的证明材料，已经成为用人单位不可推卸的法定义务。所以用人单位学习上诉举证技巧很有必要。

附：
劳动合同解除/终止的62种情形

解除或终止劳动合同时，用人单位向劳动者支付经济补偿金的标准及情形包括：

经济补偿金＝0，用人单位（含劳务派遣单位）无须向劳动者支付解除或终止劳动合同经济补偿金的17种情形。

经济补偿金＝N，用人单位应向劳动者支付解除或终止劳动合同经济补偿金的42种情形。

经济补偿金＝N+1，用人单位除应向劳动者支付解除劳动合同经济补偿金外，还应额外支付劳动者一个月工资的3种情形（即代通知金）。

一、经济补偿金＝0

解除或终止劳动关系时，用人单位无须向劳动者支付经济补偿金的17种情形：

1. 劳动者在试用期内提前三日通知用人单位解除劳动合同的。（《中华人民共和国劳动合同法》第三十七条）

2. 劳动者提前三十日以书面形式通知用人单位解除劳动合同的。（《中华人民共和国劳动合同法》第三十七条）

3. 劳动者提出解除劳动合同申请，经与用人单位协商一致解除劳动合同的。（《中华人民共和国劳动合同法》第三十六条）

4. 劳动者在试用期间被证明不符合录用条件的，用人单位解除劳动合同的。（《中华人民共和国劳动合同法》第三十九条）

5. 劳动者严重违反用人单位的规章制度，用人单位解除劳动合同的。（《中华人民共和国劳动合同法》第三十九条）

6. 劳动者严重失职，营私舞弊，给用人单位造成重大损害，用人单位解除劳动合同的。（《中华人民共和国劳动合同法》第三十九条）

7. 劳动者同时与其他用人单位建立劳动关系，对完成本单位的工作任务造成严重影响，用人单位解除劳动合同的。（《中华人民共和国劳动合同法》第三十九条）

8. 劳动者同时与其他用人单位建立劳动关系，对完成本单位的工作任

务造成影响，或者经用人单位提出，拒不改正，用人单位解除劳动合同的。(《中华人民共和国劳动合同法》第三十九条)

9. 劳动者以欺诈的手段，使用人单位在违背真实意思的情况下订立或者变更劳动合同，致使劳动合同无效，用人单位解除劳动合同的。(《中华人民共和国劳动合同法》第三十九条、第二十六条)

10. 劳动者以胁迫的手段，使用人单位在违背真实意思的情况下订立或者变更劳动合同，致使劳动合同无效，用人单位解除劳动合同的。(《中华人民共和国劳动合同法》第三十九条、第二十六条)

11. 劳动者乘人之危，使用人单位在违背真实意思的情况下订立或变更劳动合同，致使劳动合同无效，用人单位解除劳动合同的。(《中华人民共和国劳动合同法》第三十九条、第二十六条)

12. 劳动者被依法追究刑事责任，用人单位解除劳动合同的。(《中华人民共和国劳动合同法》第三十九条)

13. 劳动合同期满，用人单位维持劳动合同约定条件与劳动者续订劳动合同，劳动者不同意续订，而终止固定期限劳动合同的。(《中华人民共和国劳动合同法》第四十六条)

14. 劳动合同期满，用人单位提高劳动合同约定条件与劳动者续订劳动合同，劳动者不同意续订，而终止固定期限劳动合同的。(《中华人民共和国劳动合同法》第四十六条)

15. 劳动者开始依法享受基本养老保险待遇，用人单位终止劳动合同的。(《中华人民共和国劳动合同法》第四十四条)

16. 劳动者死亡，用人单位终止劳动合同的。(《中华人民共和国劳动合同法》第四十四条)

17. 劳动者被人民法院宣告死亡或者宣告失踪，用人单位终止劳动合同的。(《中华人民共和国劳动合同法》第四十四条)

二、经济补偿金＝N

解除或终止劳动关系时，用人单位应向劳动者支付经济补偿金的 42 种情形。

（一）劳动者解除劳动合同的 15 种情形

1. 用人单位未按照劳动合同约定提供劳动保护，劳动者解除劳动合同的。(《中华人民共和国劳动合同法》第四十六条、第三十八条)

2. 用人单位未按照劳动合同约定提供劳动条件，劳动者解除劳动合同的。(《中华人民共和国劳动合同法》第四十六条、第三十八条)

3. 用人单位未及时足额支付劳动报酬，劳动者解除劳动合同的。(《中华人民共和国劳动合同法》第四十六条、第三十八条)

4. 用人单位未依法为劳动者缴纳社会保险费，劳动者解除劳动合同的。(《中华人民共和国劳动合同法》第四十六条、第三十八条)

5. 用人单位的规章制度违反法律、法规的规定，损害劳动者权益，劳动者解除劳动合同的。(《中华人民共和国劳动合同法》第四十六条、第三十八条)

6. 用人单位以欺诈手段，使劳动者在违背真实意思的情况下订立或者变更劳动合同，致使劳动合同无效，劳动者解除劳动合同的。(《中华人民共和国劳动合同法》第四十六条、第三十八条、第二十六条)

7. 用人单位以胁迫手段，使劳动者在违背真实意思的情况下订立或者变更劳动合同，致使劳动合同无效，劳动者解除劳动合同的。(《中华人民共和国劳动合同法》第四十六条、第三十八条、第二十六条)

8. 用人单位乘人之危，使劳动者在违背真实意思的情况下订立或者变更劳动合同，致使劳动合同无效，劳动者解除劳动合同的。(《中华人民共和国劳动合同法》第四十六条、第三十八条、第二十六条)

9. 用人单位免除自己的法定责任，排除劳动者权利，致使劳动合同无效，劳动者解除劳动合同的。(《中华人民共和国劳动合同法》第四十六条、第三十八条、第二十六条)

10. 用人单位订立劳动合同违反法律、行政法规强制性规定，致使劳动合同无效，劳动者解除劳动合同的。(《中华人民共和国劳动合同法》第四十六

条、第三十八条、第二十六条)

11.用人单位以暴力手段强迫劳动,劳动者解除劳动合同的。(《中华人民共和国劳动合同法》第四十六条、第三十八条)

12.用人单位以威胁手段强迫劳动,劳动者解除劳动合同的。(《中华人民共和国劳动合同法》第四十六条、第三十八条)

13.用人单位以非法限制人身自由的手段强迫劳动,劳动者解除劳动合同的。(《中华人民共和国劳动合同法》第四十六条、第三十八条)

14.用人单位强令冒险作业危及劳动者人身安全,劳动者解除劳动合同的。(《中华人民共和国劳动合同法》第四十六条、第三十八条)

15.用人单位违章指挥危及劳动者人身安全,劳动者解除劳动合同的。(《中华人民共和国劳动合同法》第四十六条、第三十八条)

(二)用人单位解除或终止劳动合同的15种情形

1.用人单位向劳动者提出解除劳动合同,并与劳动者协商一致解除劳动合同的。(《中华人民共和国劳动合同法》第四十六条、第三十六条)

2.劳动者患病或者非因工负伤,在规定的医疗期满后不能从事原工作,也不能从事由用人单位另行安排的工作,用人单位提前三十日以书面形式通知劳动者本人后解除劳动合同的。(《中华人民共和国劳动合同法》第四十六条、第四十条)

3.劳动者不能胜任工作,经过培训或者调整工作岗位,仍不能胜任工作,用人单位提前三十日以书面形式通知劳动者本人后解除劳动合同的。(《中华人民共和国劳动合同法》第四十六条、第四十条)

4.劳动合同订立时所依据的客观情况发生重大变化,致使劳动合同无法履行,经用人单位与劳动者协商,未能就变更劳动合同内容达成协议,用人单位提前三十日以书面形式通知劳动者本人后解除劳动合同的。(《中华人民共和国劳动合同法》第四十六条、第四十条)

5.用人单位依照企业破产法规定进行重整,依法裁减人员的。(《劳动合同法》第四十六条、第四十一条)

6. 用人单位生产经营发生严重困难，依法裁减人员的。(《中华人民共和国劳动合同法》第四十六条、第四十一条)

7. 企业转产、重大技术革新或者经营方式调整，经变更劳动合同后，仍需裁减人员，用人单位依法定程序裁减人员的。(《中华人民共和国劳动合同法》第四十六条、第四十一条)

8. 其他因劳动合同订立时所依据的客观经济情况发生重大变化，致使劳动合同无法履行，用人单位依法定程序裁减人员的。(《中华人民共和国劳动合同法》第四十六条、第四十一条)

9. 劳动合同期满，用人单位终止固定期限劳动合同的。(《中华人民共和国劳动合同法》第四十六条、第四十四条)

10. 因用人单位被依法宣告破产而终止劳动合同的。(《中华人民共和国劳动合同法》第四十六条、第四十四条)

11. 因用人单位被吊销营业执照而终止劳动合同的(《中华人民共和国劳动合同法》第四十六条、第四十四条)

12. 因用人单位被责令关闭而终止劳动合同的。(《中华人民共和国劳动合同法》第四十六条、第四十四条)

13. 因用人单位被撤销而终止劳动合同的。(《中华人民共和国劳动合同法》第四十六条、第四十四条)

14. 因用人单位决定提前解散而终止劳动合同的。(《中华人民共和国劳动合同法》第四十六条、第四十四条)

15. 以完成一定工作任务为期限的劳动合同因任务完成而终止劳动合同的。(《中华人民共和国劳动合同法实施条例》第二十二条)

（三）劳务派遣单位支付经济补偿金的12种情形

被派遣劳动者因以下原因被用工单位退回，劳务派遣单位重新派遣时维持或者提高劳动合同约定条件，被派遣劳动者不同意，劳务派遣单位提出解除劳动合同的，或劳务派遣单位重新派遣时降低劳动合同约定条件，导致被派遣劳动者提出解除劳动合同的，劳务派遣单位需支付经济补偿的12种情形：

1. 劳务派遣用工关系建立时所依据的客观情况发生重大变化，致使劳务派遣用工合同无法履行，用工单位提出退回的。(《劳务派遣暂行规定》第十二条、第十七条，《中华人民共和国劳动合同法》第四十条）

2. 用工单位依照企业破产法规定进行重整，需退回派遣人员的。(《劳务派遣暂行规定》第十二条、第十七条，《中华人民共和国劳动合同法》第四十一条）

3. 用工单位生产经营发生严重困难，需退回派遣人员的。(《中华人民共和国劳务派遣暂行规定》第十二条、第十七条，《中华人民共和国劳动合同法》第四十一条）

4. 用工单位转产、重大技术革新或者经营方式调整，需退回派遣人员的。(《劳务派遣暂行规定》第十二条、第十七条，《中华人民共和国劳动合同法》第四十一条）

5. 其他因劳务派遣用工关系建立时所依据的客观经济情况发生重大变化，致使无法继续劳务派遣用工，用工单位需退回的。(《劳务派遣暂行规定》第十二条、第十七条，《中华人民共和国劳动合同法》第四十一条）

6. 用工单位被依法宣告破产，需退回派遣人员的。(《劳务派遣暂行规定》第十二条、第十七条）

7. 用工单位被吊销营业执照，需退回派遣人员的。(《劳务派遣暂行规定》第十二条、第十七条）

8. 用工单位被责令关闭，需退回派遣人员的。(《劳务派遣暂行规定》第十二条、第十七条）

9. 用工单位被撤销，需退回派遣人员的。(《劳务派遣暂行规定》第十二条、第十七条）

10. 用工单位决定提前解散，需退回派遣人员的。(《劳务派遣暂行规定》第十二条、第十七条）

11. 用人单位经营期限届满不再继续经营，需退回派遣人员的。(《劳务

派遣暂行规定》第十二条、第十七条）

12. 劳务派遣协议期满终止，需退回派遣人员的。(《劳务派遣暂行规定》第十七条）

三、经济补偿金＝N+1

解除或终止劳动关系时，用人单位除应向劳动者支付解除或终止劳动合同经济补偿金外，还需额外支付劳动者一个月工资的3种情形：

1. 劳动者患病或者非因工负伤，在规定的医疗期满后不能从事原工作，也不能从事由用人单位另行安排的工作，用人单位未提前三十日以书面形式通知劳动者本人解除劳动合同的。(《中华人民共和国劳动合同法》第四十条）

2. 劳动者不能胜任工作，经过培训或者调整工作岗位，仍不能胜任工作，用人单位未提前三十日以书面形式通知劳动者本人解除劳动合同的。(《中华人民共和国劳动合同法》第四十条）

3. 劳动合同订立时所依据的客观情况发生重大变化，致使劳动合同无法履行，经用人单位与劳动者协商，未能就变更劳动合同内容达成协议，用人单位未提前三十日以书面形式通知劳动者本人解除劳动合同的。(《中华人民共和国劳动合同法》第四十条）

四、经济补偿金的计算标准及法律依据

（一）计算年限

1. 根据《中华人民共和国劳动合同法》第四十七条第一款的规定，经济补偿按劳动者在本单位工作的年限，每满一年支付一个月工资的标准向劳动者支付。六个月以上不满一年的，按一年计算；不满六个月的，向劳动者支付半个月工资的经济补偿。

2. 根据《中华人民共和国劳动合同法》第四十七条第二款的规定，劳动者月工资高于用人单位所在直辖市、设区的市级人民政府公布的本地区上年度职工月平均工资三倍的，向其支付经济补偿的标准按职工月平均工资三倍的数额支付，向其支付经济补偿的年限最高不超过12年。

（二）计算基数

1. 根据《中华人民共和国劳动合同法》第四十七条第三款的规定，本条所称月工资是指劳动者在劳动合同解除或者终止前 12 个月的平均工资。

2. 根据《中华人民共和国劳动合同法实施条例》第二十七条的规定，劳动合同法第四十七条规定的经济补偿的月工资按照劳动者应得工资计算，包括计时工资或者计件工资以及奖金、津贴和补贴等货币性收入。劳动者在劳动合同解除或者终止前 12 个月的平均工资低于当地最低工资标准的，按照当地最低工资标准计算。劳动者工作不满 12 个月的，按照实际工作的月数计算平均工资。